Verhandlungen

des

Fünfunddreißigsten Deutschen Juristentages

(Salzburg)

Herausgegeben
von
dem Schriftführer-Amt der ständigen Deputation

Zweiter Band:

(Stenographischer Bericht)

1. Lieferung

Berlin und Leipzig 1928
Walter de Gruyter & Co.
vormals G. J. Göschen'sche Verlagshandlung — J. Guttentag, Verlagsbuchhandlung — Georg Reimer — Karl J. Trübner — Veit & Comp.

Erste Vollversammlung
des 35. Deutschen Juristentags zu Salzburg (Festspielhaus).

Mittwoch, den 12. September 1928, 17 Uhr.

Nach einem Orgelvortrag des Herrn Prof. Sauer (Salzburger Mozarteum) und einem Chorvortrag der Salzburger Liedertafel richtete Herr Handelsgerichtspräsident Dr. Friedrich Engel (Wien) folgende Ansprache an die Versammlung:

Sehr geehrte Versammlung! Nach unseren Satzungen ist es unsere erste Aufgabe, dem 35. Deutschen Juristentage in Salzburg einen Vorsitzenden zu bestellen. Wir sind in der glücklichen Lage, daß uns die Qual der Wahl erspart ist; denn unser aller Blicke richten sich von selbst auf unsern geliebten, verehrten, auf unseren alten, ewig jungen Wilhelm Kahl, den großen Rechtslehrer, den glorreichen Leiter dreier deutscher Juristentage, den Vorkämpfer der deutschen Rechtseinheit, den verehrungswürdigen, edeln deutschen Mann. Wir bitten ihn, auch diesmal die ihm zukommende und angestammte Würde eines Vorsitzenden zu übernehmen, damit freilich auch eine schwere Bürde auf seine starken, lastgewohnten Schultern nehmen zu wollen. Die Ständige Deputation erlaubt sich daher, Ihnen vorzuschlagen, anstatt eine Abstimmung vorzunehmen, Herrn Geheimrat Wilhelm Kahl durch begeisterten Beifall und Zuruf zum Vositzenden des 35. Deutschen Juristentags in Salzburg zu wählen. (Stürmischer, anhaltender Beifall und Händeklatschen.) Ich stelle fest, daß Herr Geheimrat Kahl durch Zuruf zum Vorsitzenden des Juristentags gewählt ist, und bitte ihn, den Vorsitz zu übernehmen.

Geh. Justizrat Prof. D. Dr. Wilhelm Kahl (Berlin): Hochansehnliche Versammlung! Meine Herren vom Deutschen Juristentag! Dem Vorschlage der Ständigen Deputation, mich wiederum zum Vorsitzenden des Juristentags zu bestellen, haben Sie in einer für mich überaus ehrenvollen und liebenswürdigen Weise entsprochen. Ich sage Ihnen dafür meinen herzlichsten Dank. Daß ich dem Ruf Folge leiste, ist mir eine selbstverständliche Ehrenpflicht, wenn ich auch nicht verschweigen kann, daß ich mit der Empfindung einer gewissen Beklommenheit das Amt übernehme; denn ich fühle es wohl, daß die Jahre mit ihren schweren äußerlichen und innerlichen Kämpfen nicht spurlos an meiner Kraft und Leistungsfähigkeit vorübergegangen sind, und ich hätte daher im Salzburger Lande lieber gewünscht, daß ein Jüngerer, und speziell der Mann, der so gütig war, mich Ihnen vorzuschlagen, die Versammlungen hätte leiten sollen. Was mir aber Mut und Freudigkeit gibt, noch einmal des Amtes zu walten, das ist die beglückende Stärke des Vertrauens, von dem ich mich getragen fühlen darf, und ist der Umstand, daß wir auf dem teuern österreichischen Bruderboden zusammengekommen sind und ich auf diesem noch einmal dem Deutschen Juristentag einen bescheidenen Dienst zu leisten in die Lage komme.

Mit meiner Erklärung der dankbaren Annahme der Wahl verbinde ich die Bitte um Ihrer aller gütige Nachsicht und freundwillige Unterstützung. Diese Bitte richte ich vor allem an diejenigen, die ich nunmehr in Verfolg des § 6 unserer Heidelberger Satzung im Einverständnis mit der Ständigen Deputation zu stellvertretenden Vorsitzenden ernenne, und ebenso an die für die beiden Plenarsitzungen zu berufenden Schriftführer.

Ich erlaube mir, als stellvertretende Vorsitzende zu berufen den Herrn Präsidenten des Handelsgerichts in Wien Dr. Engel, den Herrn Alt-Bundeskanzler Dr. Ramek, Salzburg, den Herrn Oberlandesgerichtspräsidenten Dr. Dronke, Frankfurt a. M., den Herrn Präsidenten der Salzburger Rechtsanwaltskammer Vilas. Ich ersuche die Herren, ihre Plätze zu meiner Seite hier am Präsidialtisch freundlichst einzunehmen. Die gleiche Bitte richte ich an den Herrn Geheimrat Dr. Heinitz, Berlin, den Schriftführer der Ständigen Deputation, der sich gütigst zu meiner persönlichen unmittelbaren Unterstützung bereit erklärt hat.

Zu Schriftführern für die erste Plenarsitzung ernenne ich Herrn Rechtsanwalt Dr. Ernst Wolff, Berlin, der schon seit Jahren in diesen Geschäften erfahren ist, und dann aus Salzburg die Herren Hofrat Wingelmayer, Hofrat Dr. Mosdorfer und Rechtsanwalt Dr. Gusetti. Die Herren werden unter sich ihre einzelnen Arbeiten besprechen und verteilen. Sie haben außerdem ein vollständiges Stenographenbureau zu ihrer Verfügung. Ich ersuche auch die Herren Schriftführer, die für sie bestimmten Plätze einzunehmen.

Nachdem sohin die Vollversammlung satzungsgemäß konstituiert ist, eröffne ich hiermit den 35. Deutschen Juristentag, und ich darf mich nunmehr für bevollmächtigt halten, auch meinerseits einen Gruß an die Versammlung zu sprechen, um der Grundempfindung aus eigenem und Ihrem Herzen Ausdruck zu geben, die uns notwendig in dieser ersten Stunde unseres Zusammenseins beseelen muß. Allen und uns reichsdeutschen Juristen im besonderen ist es ein wirkliches Herzensbedürfnis, der Freude darüber und dem Danke dafür Ausdruck zu geben, daß die Stadt Salzburg durch ihre gastfreundliche Einladung uns einen durch Geschichte, durch Kunst, durch Natur so herrlichen Boden für unserer Arbeit bereitet hat.

Und wie hat sie Ihre Gäste empfangen! Schon der Fahnenschmuck mußte unser Herz bewegen. Noch niemals ist es aber meines Wissens geschehen, daß Orgelklang und Chorgesang eine Tagung des deutschen Juristentags eingeleitet haben. Den Veranstaltern, den Spielern, den Sängern den herzlichsten Dank!

Aber Sie alle haben gewiß mit mir, ganz abgerechnet die künstlerische Freude, diesen Vorgang auch — wie soll ich sagen — als einen Akt geschichtlicher Symbolik empfunden. Die Stunde, in der seit dem Jahre 1912 in Wien die deutschen Juristen beider Reiche zum ersten Male wieder auf dem österreichischen Boden sich die Bruderhand reichen, diese Stunde ist eine Weihestunde von der Art, daß sie sinniger und treffender als durch eine Welt von Harmonien nicht inauguriert werden konnte.

Was hat sich alles ereignet, seitdem Franz Klein und Heinrich Brunner uns vom Wiener Juristentage verabschiedet haben! Staaten zertrümmert, Staatsformen zerbrochen, Staatenverbindungen gelöst, Rechte vernichtet; aber die Einheit und Einigkeit der deutschen und österreichischen Juristen in der schlichten Organisation, die sie sich schon vor 68 Jahren gegeben haben, ist nicht nur unversehrt, sondern gestärkt aus den Erschütterungen der Umwelt hervorgegangen. Das ist das innere und äußere Erlebnis des heutigen Tages und der folgenden Tagung, das ihr naturgemäß den besonderen Charakter, ihr besondere Prägung gibt. Wir wissen, keine

Gewalt in der Welt existiert, die stark genug wäre, diese geistige Gemeinschaft zu zerreißen, solange wir uns selbst und unserer großen Sache die Treue halten wollen.

Es ist zum fünften Male, daß der deutsche Juristentag auf österreichischem Boden sich versammelt: 1862 in Wien, 1876 in Salzburg, 1904 in Innsbruck, 1912 in Wien und nun wiederum nach 52 Jahren in Salzburg. Damals begrüßt von dem unvergeßlichen Justizminister von Glaser und geleitet, was mir besonders beweglich ist, von meinem Amtsvorgänger Rudolf von Gneist, in den Tagen vom 27. bis 30. August 1876.

Die Chronisten der damaligen Zeit haben geschrieben, daß der Juristentag insofern eine gewisse Enttäuschung hervorgerufen habe, als nicht die erwartete Zahl von Gästen eingetroffen sei. Es seien 396 Gäste eingetroffen, darunter 233 Deutsche und 163 Österreicher, davon aus Salzburg allein 66. Gerühmt wird andererseits, daß regional Gäste aus allen Himmelsrichtungen deutscher Zunge von Tilsit bis Freiburg, vom Hamburg bis Czernowitz eingetroffen seien, und besonders rühmend wird hervorgehoben, daß „sogar Reuß älterer Linie durch einen wackeren Fachgenossen vertreten war". Ich weiß nicht, ob das heute wieder der Fall ist. Aber auch wenn es der Fall wäre, so würde der wackere Reuße und Fachgenosse es sicherlich nicht als eine Zurücksetzung empfinden, wenn ich ihn nicht besonders anspreche und begrüße. Denn wir grüßen uns heute nicht als Preußen, Reußen usw.; sondern wir begrüßen uns als Deutsche schlechthin.

Wie groß die Zahl der Teilnehmer heute ist, das kann ich noch nicht wissen; aber das weiß ich, daß sie die Zahl 1000 überschritten hat. Manche werden gewiß, angelockt durch die herrliche Stadt, dem Rufe nach Salzburg Folge geleistet haben, aber ich hoffe doch auch noch aus höheren Gründen und Gedanken, aus der Freude an unserer großen Aufgabe, aus dem Bewußtsein der Verantwortlichkeit für ihre Lösung.

Es ist uns gelungen, auf die Tagesordnung des Juristentags Fragen des Privatrechts, des öffentlichen Rechtes, des Verkehrs-, des Wirtschaftsrechts von grundlegender Wichtigkeit zu setzen. Es ist uns gelungen, wiederum sachverständige Männer ersten Ranges als Gutachter und als Berichterstatter zu gewinnen. Mir ist es eine tiefe Genugtuung, feststellen zu können, daß die Bedeutung des deutschen Juristentages, die Anerkennung des deutschen Juristentages in seiner Einwirkung auf den Gang der Gesetzgebung eine steigende geworden ist, eine Einwirkung, die ja nicht notwendigerweise in wörtlicher Übereinstimmung zwischen einem Beschluß des deutschen Juristentages und einem Gesetzesparagraphen sich ausdrücken muß, deren geistiger Gehalt aber, wie jeder bestätigen kann, der unmittelbar an der Gesetzgebung mitarbeitet, in den Verhandlungen der Regierungen, in den Beratungen und Beschlußfassungen der Parlamente ununterbrochen zum Ausdrucke kommt.

Ich kann daher diesen Juristentag mit keinem besseren Wunsche begrüßen als dem, daß auch von seiner diesmaligen Arbeit eine reiche Befruchtung ausgehen möge auf den durch das harte Schicksal unseres gemeinsamen Vaterlandes oft so spröde, so steinig, so dornig, so hart gewordenen Boden des Rechtes. In diesem Sinne seien Sie alle auf das Allerherzlichste begrüßt!

Als ein ehrenvolles Zeugnis der Anerkennung des Juristentages darf ich hervorheben, daß wir wiederum eine große Anzahl von hoch zu verehrenden Gästen aus beiden Reichen hier begrüßen dürfen.

Der österreichische Herr Bundespräsident, von dem ich noch ein Wort zu sprechen habe, und der Herr Reichskanzler des Deutschen Reiches, ebenso wie der österreichische Herr Bundeskanzler haben für die Einladung besonders gedankt und bedauert, daß sie aus dienstlichen Gründen verhindert sind, hier zu erscheinen; sie haben die besten Wünsche für den Verlauf ausgesprochen.

Als anwesend darf ich wohl begrüßen in besonderem den Herrn Fürsterzbischof Dr. Rieder aus Salzburg. Ich darf weiter als Gäste hervorheben die österreichischen Bundesminister für Justiz und Finanzen, Herrn Dr. Slama und Herrn Dr. Kienböck, mit dem ersteren zugleich den Herrn Ministerialrat Dr. Kadecka.

Vom Reichsjustizministerium begrüße ich den Herrn Reichsjustizminister Dr. Koch-Weser, zugleich als Beauftragten der deutschen Reichsregierung, den Herrn Staatssekretär Joël, die Ministerialdirektoren Bumke und Schlegelberger und in ihrer Begleitung noch eine Anzahl von Herren;

aus dem Reichsministerium des Innern Herrn Min.-Rat Dr. **Kaisenberg**,

aus dem Reichsministerium der Finanzen die Herren Min.-Direktor Prof. Dr. Dorn und Min.-Rat Graf Schwerin von **Krosigk**, aus dem Reichswirtschaftsministerium Herrn Min.-Rat Dr. Josten;

von Landesjustizverwaltungen und sonstigen Landesministerien:

vom preußischen Justizministerium die Herren Justizminister Schmidt und Staatssekretär Hölscher,

vom preußischen Ministerium des Innern Herrn Ministerialdirektor Dr. Badt,

vom preußischen Finanzministerium den Herrn Finanzminister Dr. Höpker Aschoff,

vom preußischen Ministerium für Handel und Gewerbe Herrn Ministerialdirektor Bail,

vom bayrischen Justizministerium den Staatsminister der Justiz Gürtner,

vom sächsischen Justizministerium den Justizminister von Fumetti,

vom württembergischen Justizministerium den Justizminister Bayerle,

vom badischen Justizministerium den Herrn Ministerialdirektor Dr. Schmidt,

von Thüringen den Herrn Ministerpräsidenten Dr. Leutheußer,

von der hamburgischen Justizverwaltung den Senator Dr. Nöldecke,

von der Justizkommission des Senats Bremen Staatsrat Dr. Appel,

von der Justizkommission des Senats Lübeck den Vorsitzenden Senator Niebour.

In Vertretung des Rektors der Universität Wien hat Prof. Dr. Meister aus Wien mitgeteilt, daß der Rektor der Universität verhindert ist, persönlich am Juristentag teilzunehmen, und daß in Vertretung des Rektors und des Dekanats der rechts- und staatswissenschaftlichen Fakultät Prof. Dr. Gleispach der Tagung beiwohnen wird.

Außerdem haben wir die Freude, Vertreter der Tschechoslowakei in unserer Mitte begrüßen zu können, den Herrn Rechtsanwalt Dr. Wien-Claudi und Herrn Oberministerialkommissär Dr. Walter Wohrisek.

In Begleitung der Herren Minister sind noch eine Anzahl von hochverehrten Herren erschienen, denen ich an dieser Stelle auf das allerherzlichste danke.

Einer alten Gewohnheit des Juristentages entsprechend hat sich eine Anzahl von hochverehrten Herren bei mir gemeldet, die den Wunsch haben, den Juristentag mit einem kurzen Worte zu begrüßen. Es sind das die folgenden Herren, die ich jetzt in der von mir anzugebenden Reihenfolge ersuche, das Wort zu ergreifen: Herr Fürsterzbischof Dr. Rieder, der österreichische Bundesminister für Justiz Dr. Slama, Herr Reichsjustizminister Dr. Koch-Weser, der Herr stellvertretende Landeshauptmann Neureiter, der Herr Bürgermeister von Salzburg Hofrat Ott und endlich ein Vertreter des deutschen Juristentages der Tschechoslowakei, Herr Dr. Franz Wien-Claudi.

Ich ersuche nunmehr den Herrn Fürsterzbischof von Salzburg Dr. Rieder, das Wort zu ergreifen.

Fürsterzbischof Dr. Rieder: Hochgeehrte Versammlung! Ich freue mich, daß es mir gegönnt ist, als Bischof dieser Stadt, die Sie sich zu Ihrer Tagung gewählt haben, Ihnen einen besonderen Willkommgruß entbieten zu dürfen. Meine Freude ist um so größer, weil so ausgezeichnete Männer, so große Koryphäen der Wissenschaft hier zusammengekommen sind, und auch deshalb, weil die Aufgabe, die sich die Tagung gestellt hat, eine erhabene, schöne und überaus bedeutungsvolle ist.

Gott, der Schöpfer der menschlichen Natur, hat in das Herz der Menschen das ewige Gesetz hineingelegt. Das ist die Keimzelle, der Embryo aller Gesetze und alles Rechtes. Jene Wissenschaft aber, die Sie sich zu Ihrer Lebensaufgabe gewählt haben, ist berufen, aus dieser Keimzelle einen herrlichen Baum entstehen zu lassen, mit Ästen, Zweigen, Blättern und Früchten. Ihre Wissenschaft hat die Aufgabe, die Folgerungen aus diesem ewigen Gesetz zu ziehen; sie hat die Aufgabe, in den tausenden verschiedenen konkreten Verhältnissen die Normen festzusetzen, sie durch Begriffe und Satzungen zu formulieren und dann zur allgemeinen Anerkennung zu bringen.

So ist Ihre Wissenschaft eine erhabene, eine schöne, eine tiefgründige, aber auch eine für das praktische Leben überaus bedeutungsvolle; denn alle Beziehungen zwischen Menschen müssen durch Gesetze, durch das Recht geregelt werden.

An unserer Hofburg in Wien lesen wir die Worte: „Justitia regnorum fundamentum". Ganz gewiß!. Jener Staat, dessen Grundlage die Gerechtigkeit ist, jener Staat, der jedem das Seine gibt, der die wahre Freiheit schützt und Unrecht ahndet, das ist der beste Staat. Daraus ergibt sich aber auch, daß gute Gesetze die beste Stütze des Staates sind, zur Wohlfahrt der Menschen, aber auch zur Wohlfahrt des einzelnen.

Gewisse Gesetze sind für alle Menschen gleich; andere Gesetze aber müssen auf den Volkscharakter, auf die Gefühle der Bevölkerung und auf lokale Verhältnisse Rücksicht nehmen. Daher freue ich mich auch, daß beide Bruderstaaten, Deutschland und Österreich, hier zusammen arbeiten, um, so weit als möglich, eine Rechtseinheit zu schaffen.

Die Tagungen, die dem heutigen Juristentag vorausgegangen sind, haben wirklich großes geleistet. Mein Wunsch ist es, daß auch diese Tagung in unserem Lande Salzburg ihrer Vorgängerin würdig zur Seite tritt. Das gebe Gott!

Bundesminister für Justiz Dr. Slama (Wien): Sehr geehrte Festversammlung! Sehr geehrte Damen und Herren! Es gereicht mir nicht nur zur hohen Ehre, sondern auch zur aufrichtigen Freude und Befriedigung, den 35. Deutschen Juristentag namens der österreichischen Bundesregierung auf österreichischem Boden willkommen zu heißen und auf das herzlichste zu begrüßen. Zum fünften Male versammelt sich der Deutsche Juristentag in Österreich; zum ersten Male seit dem zehnjährigen Bestande der Republik empfängt Österreich den Deutschen Juristentag wiederum in Salzburg, in einer Stadt, deren tausendjährige Geschichte Zeugnis ablegt von der Einheit deutscher Wissenschaft und deutscher Kunst. An dieser hehren Stätte soll das gemeinsame Parlament der deutschen Juristen weiterarbeiten an dem gewaltigen Bau des einheitlichen deutschen Rechtes.

Die Gründung des Deutschen Juristentages fällt in die Zeit der ärgsten staatlichen Zerklüftung Deutschlands, in eine Zeit, in der „die Souveränitätsbehauptungssucht der deutschen Staaten, insbesondere der mittleren und kleineren, und ihr Bestreben, ihre Individualität möglichst zur Geltung zu bringen, zu einer völligen Rechtszersplitterung geführt hatte". „Den Forderungen nach einheitlicher Entwicklung des Rechtes immer größere Anerkennung zu verschaffen und sich über Vorschläge zu verständigen, die geeignet sind, die Rechtseinheit zu fördern", war daher nach der damals beschlossenen vorläufigen Ordnung des Deutschen Juristentages Ziel und Zweck dieser Vereinigung. Fortbildung des Rechtes im weitesten Sinne und Rechtseinheit in allen deutschen Landen, das waren die Leitgedanken, das war das Losungswort, die vor 68 Jahren zur Schaffung des Deutschen Juristentages geführt haben. In den sieben Jahrzehnten, die seit dieser Gründung verstrichen sind, hat sich das Antlitz der Erde gar gewaltig verändert. Ein märchenhafter Aufschwung der Technik hat die Verkehrsverhältnisse und das Wirtschaftsleben von Grund auf umgestaltet. Neue soziale Probleme sind in unserem Leben aufgetaucht, und im politischen Leben der Völker haben sich grundstürzende Wandlungen vollzogen. Zur Zeit der Gründung des Deutschen Juristentages war Österreich noch Mitglied des Deutschen Bundes. Der Bruderkrieg, der uns vom Mutterlande trennte, und die Zusammenfassung der übrigen deutschen Stämme zu einer machtvollen Einheit ruhten damals noch im Schoße der Zeiten. Heute ist das alte Österreich zerfallen; der alte Kaiserstaat Österreich, der im Jahre 1912 zum letzten Male den Deutschen Juristentag in Wien festlich empfing, ist geschichtliche Vergangenheit. Was heute Österreich heißt, ist keine Großmacht mehr, sondern ein kleiner Freistaat, ein rein deutscher Staat, zwar vom Mutterlande durch Grenzpfähle getrennt, aber geeint mit ihm durch Stammeszugehörigkeit und durch tausendjährige Kulturgemeinschaft.

Fast nichts ist geblieben wie es war, als der Deutsche Juristentag zum erstenmal auf österreichischem Boden tagte, fast nichts als der Deutsche Juristentag selbst. Er hat all diesen Stürmen getrotzt, er hat all diese äußeren und inneren Wandlungen überdauert. Der Deutsche Juristentag hat an seinen Aufgaben und Zielen, Fortbildung des Rechtes und Förderung der Rechtseinheit, unbeirrt durch alle diese Umwandlungen und Umschichtungen, festgehalten. Der Deutsche Juristentag ist geblieben, was er von allem Anfang war: ein Organ zur Vorbereitung und Vorberatung der deutschen Rechtsentwicklung, der Mentor der deutschen Regierungen und gesetzgebenden Körperschaften, das Forum, vor dem alle Fachleute ihre Gedanken über die zweckmäßigste Fortbildung des Rechtes vorbringen können, ich möchte sagen, ein Bund, in dem sich Wissenschaft und Praxis schwesterlich zum Heile unseres Volkes die Hände reichen.

Aus allen Änderungen des Verkehrs- und Wirtschaftslebens, aus allen politischen und sozialen Umschichtungen und Umwälzungen sind dem Deutschen Juristentag immer wieder neue Aufgaben erwachsen, und aus dem Boden der Wirklichkeit hat er — ein moderner Antaeus — immer wieder neue Jugend und frische Kraft geschöpft. Seine Tagesordnungen sind ein Spiegelbild der politischen und der Kulturgeschichte des deutschen Volkes in den letzten sieben Jahrzehnten. So hat der Deutsche Juristentag die Fortbildung des bestehenden und den Kampf gegen die Krankheit des überlebten Rechtes durchgeführt. Mit demselben Erfolge hat der Deutsche Juristentag auch seine zweite Aufgabe, den Forderungen nach einheitlicher Rechtsentwicklung immer größere Anerkennung zu verschaffen, erfüllt. Innerhalb des Deutschen Reiches ist das Ziel der Rechtseinheit zum größten Teile schon erreicht. Wenn das deutsche Volk die Kraft gefunden hat, den früheren Rechtszuständen, die zu einer völligen Zersplitterung geführt haben, in verhältnismäßig kurzer Zeit ein Ende zu bereiten, dem Einheitsstaate auch ein einheitliches Recht zu geben, so darf nicht zuletzt der Deutsche Juristentag den größten Teil des Verdienstes für sich in Anspruch nehmen. Nicht erreicht — das müssen wir auch offen bekennen — ist bisher das Ziel der Rechtseinheit innerhalb des gesamten deutschen Volkes, zu welchem auch wir Deutsche der Ostmark gehören. Hier stehen wir erst am Anfange der Entwicklung. Der Weg der Rechtsangleichung ist aber bereits beschritten, und wir wollen ihn gemeinsam weitergehen bis ans gute Ende. Wesentliche Teile des Handels- und Verkehrsrechts, insbesondere das Wechselrecht und die Eisenbahnverkehrsordnung, sind schon vereinheitlicht. Das gemeinsame Strafgesetz und das gemeinsame Strafvollzugsgesetz sind im Werden, und die einheitliche Reform des Kartellrechts steht auf der Tagesordnung des 35. Juristentags. Noch bleibt viel zu tun übrig, darüber sind wir uns klar; aber der gute Wille ist auf beiden Seiten vorhanden, nicht bloß bei den deutschen Juristen, sondern auch bei den Regierungen, und diese Bestrebungen finden das Verständnis der gesamten Bevölkerung.

In diesem Sinne empfangen wir den Deutschen Juristentag mit offenen Armen und wünschen seinen Verhandlungen den besten Erfolg und gutes Gelingen. Von ganzem Herzen wünschen wir Österreicher aber, daß es den Arbeiten des Deutschen Juristentages in naher Zukunft beschieden sein möge, das hohe Ziel zu erreichen, um dessen willen er vor 68 Jahren geschaffen worden ist und dem er seit sieben Jahrzehnten mit so großem Erfolge dient: der zur Einheit strebenden Nation ein einheitliches Recht zu schaffen.

Reichsjustizminister Koch-Weser (Berlin): Meine Damen und Herren! Ich habe die Ehre, im Namen der deutschen Reichsregierung und zugleich im Namen meiner hochverehrten Herren Kollegen von den deutschen Landesregierungen das Juristenparlament der beiden Deutschen Reiche zu begrüßen, das vereint in seinen drei Säulen hier versammelt ist, der Säule der Rechtslehrer, der Säule der Richter und der Säule der Rechtsanwälte.

Lassen sie mich meine Ausführungen hier auf dem alten deutschen Kulturboden von Salzburg mit einer Anerkennung der Verdienste beginnen, die der österreichische Bruderstamm um die deutsche Rechtsentwicklung sich erworben hat. Ich brauche nur die Namen Julius Glasers, des Meisters des Strafrechts, Josef Ungers, des Reformators des Privatrechts, und des uns allen noch persönlich bekannten und unvergeßlichen Franz Klein, des Schöpfers der Zivilprozeßordnung, zu erwähnen, um das zu beweisen. Ich gedenke heute aber vor allem auch des in unserer Mitte weilenden früheren Justizministers Dr. Dinghofer, dessen Name durch seine Tätigkeit um die Angleichung des deutschen Rechtes in unseren Kreisen in Deutschland populär geworden ist und der sich dadurch würdig der langen Reihe trefflicher österreichischer Justizminister anschließt. Es steht mir nicht an, in gleicher Weise hier die Verdienste der Justizminister des Reiches zu erwähnen; aber lassen Sie mich eines sagen: alle, ob im alten, ob im neuen Reich, ganz gleich von welcher politischen Seite sie kamen, haben eins erstrebt, die Aufrechterhaltung und Verteidigung des hohen Gutes des Rechtes und des Rechtsgedankens im deutschen Volke. In diesem Streben einigen auch wir alle uns, die wir hier vereint sind.

Aber ich glaube, wir sind auch darin einig, daß lediglich die Erhaltung des Bestehenden nicht ausreichen wird, um dem Rechtsleben Volkstümlichkeit zu erwerben oder zu erhalten. Wir bedürfen einer besseren Übersichtlichkeit unseres Rechtes; wir bedürfen, um ein populäres Wort zu gebrauchen, einer Rationalisierung unseres Rechtslebens oder, um ein unpopuläres Wort zu gebrauchen, auch eines Abbaues.

Das gilt zunächst für den Rechtsstoff. Ganz gewiß haben wir zu viel alte und veraltete Gesetze in Deutschland, nicht nur Reichsgesetze, sondern auch Landesgesetze und Polizeiverordnungen. Wenn die Zahl der Polizeiverordnungen von Optimisten auf 250000 und von Pessimisten auf 1 Million geschätzt wird, so sind wir von einem Zustand nicht mehr weit entfernt, wo der Ruf: Jedem Deutschen seine eigene Polizeiverordnung! erfüllt sein wird. Ich bin der Meinung, daß die Blüte des Rechtsgartens darunter leidet, wenn veraltete Gesetze nicht ausgerodet werden, sondern dahinwelken. Zu einer Razzia gegen veraltete Gesetze, wie sie Eugen Schiffer seit Jahren unermüdlich und überzeugend fordert, muß jeder Jurist, jeder Volksgenosse aufrufen.

Aber nicht nur eine Sichtung des Rechtes, auch eine Sammlung des Rechtes ist unsere Aufgabe. Die Reichsregierung wird die Bestrebungen, die nach dieser Richtung gegangen sind, in Bälde wieder aufnehmen und hofft, zu einer übersichtlichen Sammlung des deutschen Rechtes zu kommen. Sie hofft dabei auch, daß es gelingen wird, die Reichsverfassung pflegsam zu behandeln und zu verhindern, daß sie durch neue Gesetze durchlöchert wird, ohne daß dabei Tragweite und Ausmaß der Abänderung klargestellt werden.

Ich glaube ferner, es wird eine Aufgabe des Reichsjustizministeriums sein müssen, dahin zu wirken, daß die Produktion der Gesetze nicht in gleich progressivem Maße zunimmt, wie in dem letzten Jahrzehnt, und daß die Gesetze, die erlassen werden, weniger kasuistisch gestaltet werden als häufig heute, manchmal vielleicht entstanden aus dem Bestreben, die den Reichsbehörden mangelnde Aufsicht über die Ausführung der Gesetze durch eine bis ins einzelne gehende Regelung zu ersetzen.

Ich darf weiterhin auch aussprechen, daß wir einer Rationalisierung in der Organisation der Rechtspflege bedürfen. Ich kann hier — und Sie werden das alle verstehen — keine Stellung nehmen zu den Darlegungen, die in der Öffentlichkeit über diese Frage gemacht sind, und zu den Arbeiten meines Ressorts. Ich beschränke mich auf die eine Bemerkung, daß eine klare und auch dem Laien verständlichere Regelung des Instanzenzuges das Ziel unserer Arbeit sein muß. Dabei möchte ich eins heute schon in etwas endgültigerer Form erklären: ich glaube, wir alle sind darin einig, daß in der heutigen Zeit ein Abbau in der Hypertrophie des Eideswesens das Ziel jeder Justizreform sein muß.

Aber ich kann auch an einer dritten Frage nicht vorübergehen, auch auf die Gefahr hin, daß das, was ich sage, nicht populär ist. Ein Freund großer staatlicher Reformen, der frühere Reichswirtschaftsminister Eduard Hamm, hat einmal gesagt, daß jeder, der im heutigen Deutschland große Reformen plant, sich auf eine fünfjährige Unpopularität gefaßt machen müsse. Ich fürchte, die Frist der Unpopularität ist damit noch sehr knapp bemessen. Aber ich sage trotzdem: wir bedürfen auch einer Rationalisierung unseres Richterpersonals. Die Richterpersönlichkeit ist der wichtigste und hauptsächlichste Faktor in der Rechtspflege, und niemand wird verkennen dürfen, daß auch in den letzten 10 Jahren der deutsche Richterstand auf einem noch schwankenden Boden, unter starker Kritik und manchmal unter drückenden Lebensbedingungen gutes geleistet hat. Trotzdem glaube ich, die Reichsjustizverwaltung und die Verwaltungen der Länder werden gut tun, wenn sie auf die Dauer auf die Entwicklung der Quantität des Richtertums weniger Gewicht legen als auf die Entwicklung der Qualität. Ich bin der Meinung, daß die Qualität des deutschen Richterstandes Gefahr läuft, nicht erhalten zu werden, wenn die Zahl von 12000 Richtern, die wir heute haben, aufrechterhalten und noch vermehrt wird. Ich kann auch nicht anerkennen, daß der Umstand, daß jemand zwei Examen gemacht hat, ihm das Recht auf lebenslängliche Versorgung im deutschen Richtertum gewähren könnte.

Niemand von uns denkt daran und darf daran denken, an der Unabhängigkeit des deutschen Richtertums zu rütteln; aber wir alle werden uns darüber klar sein, daß die Unabhängigkeit des richterlichen Charakters und die Unbeugsamkeit des richterlichen Willens begleitet sein muß von einem freien und überlegenen Geist, und wir werden deshalb gut tun, die große und wichtige Aufgabe des Richtertums nur gereiften und überlegenen Persönlichkeiten anzuvertrauen. Es gibt Aufgaben, die dem hochqualifizierten Richter nicht mehr anstehen und die bei dem heutigen gehobenen Bildungsstand in Deutschland von einem Stande, wie es in Preußen die Rechtspfleger sind, geleistet werden können.

Nur bei Beschränkung der Quantität läßt sich eine hervorragende Qualität der Richter erzielen und aufrechterhalten. Sie verhandeln in den nächsten Tagen über die Ausbildung des richterlichen Nachwuchses auf dem Gebiet der Strafrechtspflege. Ich brauche Ihnen nicht zu sagen, wie sehr ich auf der Seite derjenigen stehe, die eine einheitliche Ausbildung der Richter für das ganze Reich wünschen, um jeden Richter und Rechtsanwalt fähig zu machen, im späteren Leben an derjenigen Stelle seine Kräfte anzusetzen, für die er sich besonders eignet. Aber lassen Sie mich hinzufügen, daß hier, wie überall in praktischen Berufen, noch wichtiger als die Vorbildung des Werdenden die Fortbildung des Gewordenen ist, die seinen Blick oft in einer Stunde mehr bereichert als die Vorbildung in Wochen. Ich meine Fortbildung im weitesten Sinne des Wortes. Ich denke dabei nicht nur an die Vertiefung seines Rechtswissens, sondern auch an die Verbreiterung des in der heutigen Zeit des Fachwissens so wenig geschätzten allgemeinen Wissens, an die Kenntnis aller menschlichen und göttlichen Dinge, die jener alte Römer als Vorbedingung für die Rechtsausübung bezeichnet hat. Es scheint mir eine unserer wichtigsten Aufgaben zu sein, die Fortbildung des deutschen Richtertums zu fördern und dafür zu sorgen, daß die dafür vorhandenen Mittel nicht nur einigen wenigen Auserlesenen ganz besondere Studien, sondern einer großen Masse des deutschen Richtertums eine Erhebung aus der Enge des Alltags ermöglichen. Ich frage mich z. B., ob es sich nicht empfehlen würde, den Richtern, wenn sie in eine neue Stellung versetzt werden, erst einmal wieder Gelegenheit zu geben, durch Reisen im In- und Ausland den Horizont zu erweitern und ihr Verständnis für die werdende Welt zu vertiefen. Ein Staat, der auf diesem Gebiet den Richterstand stärkt und ausbildet, erweist dem Rechte den größten Dienst. Wie kann man verlangen, daß ein Richter in politischen Prozessen richtet, wenn ihm die Gelegenheit, durch Lesen von Zeitungen und Zeitschriften und durch einen Blick in das In- und Ausland seinen Horizont zu erweitern, verschlossen bleibt? Und wie kann man erwarten, daß er über Theater und Kunst urteilt, wenn ihm der häufige Besuch des Theaters unmöglich ist? Ich weiß wohl, daß das in erster Linie eine materielle Frage ist, eine Gehaltsfrage, und wir werden sie erst dann lösen, wenn sich im Staate die Überzeugung davon, daß, ebenso wie Regieren und Organisieren, die Rechtspflege eines der wichtigsten Staatsgeschäfte ist, voll durchgesetzt hat.

Ich bin der Überzeugung, daß solche positiven Maßnahmen wichtiger sind, um dasjenige zu überwinden, was man die Krise des Rechtes nennt, als irgendwelche negativen Maßnahmen. Was gibt es denn für negative Maßnahmen? Ich habe schon gesagt, daß ein Rütteln an der Unabsetzbarkeit des Richters verhängnisvoll wäre, weil niemand ohne diese eine unbeeinflußte Justiz sichern kann.

Ich möchte aber auf der anderen Seite ebenso entschieden sagen, daß auch eine Absperrung von der Kritik und eine Überempfindlichkeit gegen die Kritik den bestehenden Zustand in keiner Weise bessern kann; denn wir müssen in letzter Linie anerkennen, daß wir heute in einem Staate leben, wo keiner mehr, der im öffentlichen Leben tätig ist, einen Garten bebaut, über dessen Mauern nicht hinübergesehen werden kann. Wir wollen schließlich auch sagen, daß faß alle Kritik in der heutigen Zeit letzthin dem erfreulicherweise gesteigerten Interesse an allem Menschlichen entspringt. Viel gefährlicher als eine übertriebene Kritik scheint mir ein Abstumpfen des Rechtsgefühls in der Bevölkerung zu sein. Wir leben in einer Zeit, wo das Rechtsgefühl, das Interesse am rechtlichen Denken zurückzutreten droht hinter sozialpolitisches, wirtschaftliches und technisches Denken; wir leben in einer Zeit, wo der rasche Fortschritt der Welt, wo das Vordringen des wirtschaftlichen Machtgedankens, wo die jugendliche Freude an allem Technischen und Konstruktiven — und lassen Sie es mich auf die Gefahr hin, wieder einige von Ihnen zu verletzen, sagen —, wo der Rückgang der humanistischen Bildung uns in die Gefahr bringt, das Interesse am Recht zu schwächen. Die Beschattung des Rechtsgedankens muß diejenigen mit Sorge erfüllen, für die das Recht des Bürgers im Staate noch immer mindestens dieselbe Bedeutung hat wie das Recht des Bürgers am Staate, und ich glaube, wir alle haben ein Interesse daran, genau so, wie das Recht mit Volksgeist zu erfüllen ist, so auch das Volk mit Rechtsgeist zu erfüllen.

Aber auch im Zusammenleben der Völker schwankt noch die Rechtsidee. Die brutale Beendigung des Weltkrieges, der Bruch der dem besiegten deutschen Volke gegebenen Versprechen haben auch im Zusammenleben der Völker dem Rechtsgedanken Einbuße zugefügt. Die Unfähigkeit der Staatsmänner, den Nachkriegsorganisationen der Welt, die dem Friedengedanken dienen sollen, Kern und Form zu geben, drohen manchen zu entmutigen, der guten Willens an die völkerrechtliche Gestaltung der Welt herangegangen ist.

Aber je größer die Gefahr, um so notwendiger ist es auch, daß wir alle, die wir Träger des Rechtes sind, zusammenstehen, um den Rechtsgedanken aufrecht zu erhalten und in den Vordergrund zu rücken. Ich weiß ganz genau, daß die neue Zeit vielen von Ihnen unerwünscht gekommen ist, weil sie durch eine Revolution gekommen ist. Es müßte eigenartig zugehen, wenn dem Träger des Rechtes nicht jede Gewalt zuwider wäre. Lassen Sie mich über Gründe und Ursachen der Revolution in diesem Zusammenhange nicht sprechen; aber die Revolution ist abgeschlossen durch die Rechtsschöpfung der republikanischen Verfassung in beiden deutschen Reichen, und wir befinden uns seitdem in einem Zustande der Evolution, die erst vollendet sein wird, wenn der evolutionäre Gedanke, der die Verfassungen der beiden Länder beherrscht, vorangetragen sein wird in einer Periode fruchtbarer evolutionärer Gesetzgebung. Der wahre Gegenrevolutionär im besten Sinne des Wortes ist der Evolutionär, der den Katastrophen vorbeugt. Denn die Revolution ist letzten Endes nur die Reaktion auf die Reaktion. Das Bestehende kann mit Gewalt verteidigt werden. Das Bestehende kann auch mit Gewalt umgestürzt werden. Das Bestehende fortentwickeln, Gegenwart und Zukunft verschmelzen, kann nur das Recht. Dieser evolutionären Rechtsentwicklung feindlich gegenüberzustehen, ist für einen Träger des Rechtes unmöglich. Die Entwicklung des Rechtes und der Rechtsanwendung ist die höchste Aufgabe des Juristen.

Ich bitte, mich nicht mißzuverstehen; ich denke nicht an eine haltlose Nachgiebigkeit an vorübergehende Strömungen des Tages. Auch dann wäre die Aufgabe des Juristen einfach, wenn er sich den Tagesströmungen widerstandslos anpassen könnte. Nein, ich denke an eine Tätigkeit, die auf so hoher Warte steht, daß sie die Spreu vom Weizen scheidet und aus den vorübergehenden Tagesströmungen die dauernden Erkenntnisse auszusondern und ihnen Eintritt in das Recht zu schaffen weiß.

Deswegen ist es auch das schönste Ruhmesblatt des Deutschen Juristentages von jeher gewesen, nicht nur dem bestehenden Recht zu dienen, sondern an seiner Fortentwicklung als anerkannter Führer zu arbeiten.

Auch ein Blick auf Ihre diesmalige Tagesordnung ergibt das. Als einer, der im Streit um den deutschen Einheitsstaat im Vordergrunde steht, vermeide ich es, auf dieses Hauptthema Ihrer Tagung näher einzugehen. Ich habe es für richtiger gehalten, durch Verhandlungen mit Mecklenburg den Versuch zu machen, dort an erster Stelle zu einer Verreichlichung der Justiz zu gelangen. Aber das eine darf ich vielleicht in Ihrem Kreise sagen, nämlich, daß ich mich freue, wie sachlich diese Frage hier behandelt wird. Denn der Lösung dieser Frage kommt man am besten näher, wenn man sie so behandelt, wie es der Not des deutschen Volkes gerecht wird. Freilich kann man Fragen, wie die einer gleichmäßigen Regelung der Gerichtskosten und Gebühren, nicht anders als sachlich behandeln, wie Sie es beabsichtigen. Erörterungen über berechtigte Stammeseigentümlichkeiten oder wohlerworbene Souveränitätsrechte sind da schwerlich am Platze. Auch hier handelt es sich vielmehr um Rationalisierungsfragen. Lassen Sie mich aber vom Standpunkt meines Ressorts noch eine Bemerkung hinzufügen: ich sehe es für eine große und bedeutungsvolle Forderung an, wenn es gelingen würde, mein Ministerium mit den Verwaltungsaufgaben der Praxis noch mehr in Verbindung zu bringen, als es trotz der intensiven Arbeit der Herren in meinem Ministerium unter der heutigen Rechtslage möglich ist. Der Mangel eines Unterbaus im Lande erschwert es, Theorie und Praxis, Anordnung und Ausführung, Planen und Handeln in Einklang zu bringen. Lassen Sie mich auch der Meinung Ausdruck geben, daß es im Sinne aller Juristen ist, ihre Gleichwertigkeit konstatiert zu sehen und, einerlei woher sie kommen, unbekümmert um Landesgrenzen auf demjenigen Gebiet zu arbeiten, das ihren Fähigkeiten entspricht. Viel mehr als die Juristen der großen Länder leiden die der kleinen darunter, daß ihnen für alle Zeit nur ein beschränktes Arbeitsgebiet eröffnet ist. Treitschke hat sein Beispiel noch von einem größeren Lande mit einer blühenden Justiz entnommen, als er gesagt hat, immer nur zwischen Zwickau und Zittau hin und her versetzt zu werden, müsse einen Menschen auf die Dauer zurückbringen. Ich bin gewiß der Meinung, daß der Richter und der Rechtsanwalt im allgemeinen dort am besten arbeiten, wo sie Sprache und Sitte des Volkes verstehen. Aber ich bin auch der Meinung, daß es für jeden nützlich ist, vor die ruhige und seßhafte Lebensarbeit des gereiften Mannes eine Reihe beruflicher Wanderjahre zu setzen. Aber auch die Rückkehr in die Heimat kann nicht in allen Fällen das Ziel des Strebens sein. Es gibt Männer, die in große und zentrale Verhältnisse hineingehören. Lassen Sie mich auch auf die Gefahr hin, mich bei meinen engeren Kollegen in Berlin unbeliebt zu machen, darauf hinweisen, daß ich nicht recht verstehe, warum ein süddeutscher Jurist, der sich in seiner Heimat ein besonderes Verständnis für Kartellfragen erworben hat, für sein ganzes Leben von der Gunst abgesperrt sein soll, seine Kenntnisse in Berlin, wo doch nicht preußisches, sondern deutsches Kartellrecht verhandelt wird, zu verwerten.

Da ich bei der Kartellfrage bin, auch darüber noch ein paar Worte, weil es mir der beste Beweis Ihrer evolutionären Arbeit zu sein scheint, daß Sie sich mit diesem Gebiet beschäftigen. Gewiß, solange die Wirtschaft selbst an der Wirtschaftsfreiheit festhielt und festhalten konnte, war es auch für den Staat das Klügste und Beste, den Grundsatz der Nichteinmischung in die Wirtschaft festzuhalten. Nachdem aber die Wirtschaft genötigt worden ist — sie hat es wohl nicht freiwillig getan —, sich zusammenzuschließen und den Grundsatz der Freiheit zu durchbrechen, scheint es mir für den Staat unverantwortlich zu sein, wenn er sich nicht auch seinerseits der Aufgabe zuwendet, diese Entwicklung vom Gesichtspunkt der Staatshoheit zu beeinflussen. Denn wenn wir die Kartelle und Truste nicht kontrollieren, laufen wir Gefahr, daß die Kartelle und Truste uns kontrollieren. Ich freue mich deshalb, daß Sie sich mit dieser Frage beschäftigen wollen. Mag das Kartellwesen eine wirtschaftliche Angelegenheit sein, die Gestaltung des Kartellrechts und des Instanzenzuges der Kartellbehörden ist eine juristische Aufgabe.

Täusche ich mich nicht, so sind wir aber auch im Zusammenleben der Völker trotz aller Fehlschläge und Mißgriffe an der Schwelle einer evolutionären Rechtsentwicklung. Lassen Sie mich der Hoffnung Ausdruck geben, daß an Stelle der völkerrechtlichen Desorganisation, in der heute die Welt lebt, eine gesicherte und geordnete Völkerverfassung treten möge. Ich weiß wohl, daß wir noch weit davon entfernt sind, ich weiß, wie viele Kräfte widerstreben. Aber so gut sich einmal Kaiser Maximilians Landfrieden durchgesetzt hat, so gut hoffe ich auch, daß die Zeit kommen wird, wo die Idee des Völkerfriedens ihre Verwirklichung gefunden haben wird. Wenn man sich aber darauf beschränkt, die Zusammenarbeit der Völker als eine Erhaltung des bestehenden Zustandes aufzufassen, wenn man aus diesen großen Einrichtungen nichts anderes machen will als weiland die Metternich'sche heilige Allianz, dann besteht für uns Deutsche an einer solchen Mitarbeit kein Interesse. Damit wird man dem Entwicklungsgedanken und dem tieferen Rechtswillen der Welt nicht gerecht. Wir können es nicht anerkennen, daß durch das Bestehende die Grundlage für ein friedliches Zusammenleben der Völker schon geschaffen ist. Diese Grundlage muß noch gesucht und gefunden werden. Europa und die Welt leben heute noch im

Zustand des Nicht-Krieges, der viele unbefriedigt läßt; der gesicherte Frieden ist noch nicht geschaffen. Will man im Völkerleben die Gewalt vermeiden, so muß das internationale Recht Organisationen und Instanzen schaffen, die dem kommenden und natürlichen Recht gerecht werden und fähig und bevollmächtigt sind, Einrichtungen, Bindungen und Verträge, die veraltet oder unsittlich sind, genau wie im Privatrecht, zu beseitigen. Nur einer solchen fortschrittlichen Völkerverständigung kann das deutsche Volk, das nach seinem eigenen Schicksal berufen ist, der Anwalt der Unterdrückten und der Minderheiten zu werden, seine Sympathien und Kräfte zuwenden. Wer die Verhandlungen der interparlamentarischen Union in Berlin verfolgt hat, weiß, wie sehr dort schon die Gegensätze zwischen konservativem und evolutionärem Pazifismus hervorgetreten sind. Aber daß sich Deutschland an solcher evolutionären Rechtsarbeit beteiligt, ist nicht nur die Forderung eines Idealisten, sondern muß die Forderung gerade des Realpolitikers sein. Denn für Deutschland, das überhaupt keine Wahl mehr zwischen Gewalt und Recht hat, liegen nur auf dem Wege evolutionären Völkerrechts die realen Aufstiegsmöglichkeiten für die Zukunft seines staatlichen und nationalen Lebens. Der gesicherte Rechtsfriede einer wohlgeordneten Welt ist die Krönung alles juristischen Strebens.

Auf dem Wege zu diesem Ziel liegt es, daß zu meiner Freude in der Frage der Minderheiten vor dem Völkerbund sowohl der österreichische Bundeskanzler Dr. Seipel als auch der deutsche Reichskanzler Müller Worte gefunden haben, mit denen sie für die Rechte der Minderheiten eingetreten sind, und daß sie sich bemüht haben, dafür zu sorgen, daß neben dem Staatsangehörigkeitsprinzip auch das Prinzip des Volkstums einen internationalen Schutz erwirbt.

Und wenn ich das sage, so kann ich nicht vorübergehen an der Frage des Selbstbestimmungsrechts der Völker. Auch hier ist es unsere Aufgabe als Juristen, diesem neuen und edlen Gedanken zum Siege zu verhelfen, besonders dann, wenn wir hier auf diesem uns allen teuren Boden an das Schicksal denken, das zwei Bruderländer wie Deutschland und Österreich voneinander fernhält. Solange die Forderung des Zusammenschlusses Österreichs mit dem Reich nicht erfüllt ist, haben wir Juristen es in der Hand, das, was der Politiker auf dem Wege internationaler Verhandlungen nicht lösen kann, auf vielen Gebieten im Wege der Evolution durch die

Gesetzgebung der Lösung näher zu bringen. Ich freue mich deshalb, daß der Entwurf des Strafgesetzbuchs, an dessen Förderung Ihr hochverehrter Vorsitzender so bahnbrechend beteiligt ist, uns der Gemeinsamkeit der beiden Staaten einen Schritt näher bringt. Wir Juristen sind berufen, dahin zu wirken, daß diesen Schritten weitere Schritte folgen. Wir gehören in der Frage des Zusammenschlusses an die Front. Niemand kann den Willen Deutschlands und Österreichs verhindern, gemeinsames Recht zu schaffen, wenn die Gemeinsamkeit der Volksanschauungen und des Schicksals es ermöglicht oder erfordert. Darin weiß ich mich nach den Worten, die vorhin der verehrte österreichische Kollege gesprochen hat, mit ihm eins. Wenn dann einst durch internationale Verhandlungen der Widerstand internationaler reaktionärer Willkür, der sich dem Zusammenschlusse der beiden Länder widersetzt, überwunden sein wird, wird die Rechtslage auf vielen Gebieten so sein, daß der Zusammenschluß der beiden Länder nicht konstitutiv, sondern nur deklaratorisch ohne Erschütterung erfolgen kann.

Lassen Sie mich, indem ich schließe, der Hoffnung Ausdruck geben, daß der Tag kommen wird, wo der Rechtsgedanke siegt und Österreich seinen Zusammenschluß mit dem Deutschen Reiche oder, besser gesagt, seine Heimkehr ins Reich vollzieht. Dann wird uns kein ungezügelter oder ungestümer Machtrausch ergreifen, wie man uns nachsagt; sondern dann wird uns erfassen das heilige und starke Gefühl befriedigten Rechtes. Und so lassen Sie mich, indem ich Sie nochmals im Namen der Reichsregierung und der Landesregierungen willkommen heiße, schließen nicht nur mit dem Ausdrucke meiner Überzeugung: Recht muß Recht bleiben, sondern auch der höheren und heiligeren Zuversicht: Recht muß Recht werden!

Landeshauptmann-Stellvertreter Neureiter (Salzburg): Hochverehrte Versammlung! Sehr geehrte Damen und Herren! Ich soll und will Sie im Namen der Landesregierung von Salzburg auf das herzlichste begrüßen — leider ist der Herr Landeshauptmann entschuldigt abwesend. Das „Will" und das „Soll" haben heute eine gewisse Befangenheit bei mir ausgelöst. Schuld an dieser Befangenheit ist die große, illustre Versammlung, die Männer, an deren Wirken ich unwillkürlich denken muß, die Richter, die so viele Urteile gesprochen, die Rechtsanwälte, die Verwaltungsjuristen, und die Tatsache, daß der Juristentag vielleicht der mächtigste Faktor ist, der das erstarrende oder das erstarrte Recht wieder lebendig macht.

Aber über diese Befangenheit hilft mir der vorjährige Beschluß des Juristentags hinweg, Salzburg zum Tagungsorte für dieset Jahr zu machen. Wir Salzburger sind nun einmal so erzogen und aufgewachsen, daß wir unerschütterlich daran glauben, daß Land und Stadt Salzburg ein einzig schönes Stück Erde seien. Wir sind nun einmal so erzogen, daß wir glauben, daß viel herrliche und einzigartige Kulturgeschichte in unserem Lande und in unserer Stadt ist, und wir bilden uns auch ein, daß der Menschenschlag diesem Ortsbilde angemessen und harmonisch eingegliedert ist, daß wir somit ein Edelstein innerhalb der deutschen Gaue und der deutschen Lande sind. Der Beschluß des Juristentags, Salzburg zu seinem Tagungsorte zu wählen, hat uns in dieser Meinung nur bestärkt. Wo so viele Juristen sind, da muß dies auch Recht sein.

Ich danke darum im Namen des Landes Salzburg dafür, daß Sie unsere eigene Ansicht bestätigen und Salzburg zu Ihrem Tagungsorte erwählt haben. Seien Sie darum auf das Herzlichste willkommen! Ich glaube, daß Sie auch ernste Beratungen haben werden. Wir beglückwünschen Sie zu den bisherigen Erfolgen; aber wir glauben, daß auch der Jurist bei seinen Beratungen seine „gute Stunde" haben muß. Wir wollen hoffen, daß der diesjährige Juristentag seine gute Stunde haben werde und daß die Juristen in ihren Bestrebungen ein gutes Stück vorwärts kommen werden, weil sie in Salzburg ihre gute Stunde hatten.

Im Namen der Landesregierung, im Namen des Landes Salzburg heiße ich Sie nochmals herzlichst willkommen und wünsche Ihrer Tagung recht vielen Erfolg.

Bürgermeister Hofrat Ott (Salzburg): Hochansehnliche Festversammlung! Namens des Gemeinderats der Landeshauptstadt Salzburg und namens der Bevölkerung der Stadt Salzburg habe ich die Ehre, die hochansehnliche Festversammlung hier auf das herzlichste zu begrüßen.

Wir danken Ihnen aufrichtig dafür, daß Ihr Verein unserer im Jahre 1920 auf Anregung des leider zu früh verstorbenen Altmeisters der österreichischen Juristen, Exzellenz Dr. Franz Klein, ergangenen Einladung, den deutschen Juristentag in Salzburg abzuhalten, stattgegeben hat und die Ständige Deputation Salzburg zum Orte der diesjährigen Tagung bestimmt hat. Salzburg, das geographisch auch die Brücke von Deutschland nach Österreich bildet, ist damit seit Kriegsbeginn wieder die erste österreichische Stadt, in welcher Sie Ihren so hoch bedeutsamen Kongreß veranstalten. Salzburg, das bereits vor 52 Jahren, im Jahre 1876, die Ehre hatte, den deutschen Juristentag in seinen Mauern zu beherbergen, ist mit ganzem Herzen bei Ihrer Veranstaltung. Wir freuen uns und sind stolz darauf, nach einer so langen Reihe von Jahren wiederum die prominentesten Vertreter der deutschen Juristenwelt hier versammelt zu sehen.

Wir sind stolz darauf, weil Ihre Vereinigung richtunggebend ist für die Gestaltung des deutschen Rechtslebens und für die weitere Rechtsentwicklung. Gerade in der jetzigen Zeit nach dem fürchterlichen Kriege und den Wirren der Revolutions- und Umsturzjahre ist es notwendig, daß dem deutschen Volke die Grundlagen für sein Recht aufgezeigt werden, und zwar für das ganze deutsche Volk ohne Rücksicht auf die Grenzpfähle. Sie sind dazu berufen, in vorderster Linie Wiederaufbauarbeit zu leisten, gutes Recht zu schaffen, die Einheitlichkeit des Rechtslebens vorzubereiten und mit verwirklichen zu helfen.

Zu dieser Ihrer hehren Aufgabe beglückwünschen wir Sie. In diesem Sinne wünschen wir auch, daß Ihre Tagung vollen Erfolg hat und deren Ergebnisse segensreich auf das ganze deutsche Volk ausstrahlen. Wir Salzburger danken Ihnen aufrichtigst und bestens für Ihr Kommen. Wir hoffen, eines Sinnes mit Ihnen zu sein, wenn wir unserem inneren und sehnlichen Wunsche Ausdruck verleihen, der nächste deutsche Juristentag möge bereits in einem gemeinsamen Vaterland stattfinden, im endlich vereinten Großdeutschland, in jenem wahren Deutschland, das alles, was deutsch denkt und schafft, deutsch singt und spricht, ohne trennende Grenzpfähle umfaßt. Wird dieser Wunsch zur Wahrheit, nicht zuletzt Ihrem tatkräftigen und zielbewußten Wirken wäre der Erfolg zu danken. Möge Ihrer heutigen Tagung der Erfolg beschieden sein, das Band der Brüderlichkeit untrennbar zu knüpfen. Herzlichst willkommen in Salzburg!

Rechtsanwalt Dr. Wien-Claudi (Prag): Hochansehnliche Versammlung! Es ist mir die ehrenvolle und erfreuliche Aufgabe geworden, im Namen der ständigen Vertretung des Deutschen Juristentages in der Tschechoslowakei, dieser bescheidenen Tochtergründung, den großen deutschen Juristentag, die alma mater der Juristentage, herzlich zu begrüßen.

Grenzen unterliegen dem Wandel und der Willkür, Staatsformen und Verfassungen wechseln. Wir sudetendeutschen Juristen sind trotz aller Änderungen und Wandlungen geblieben, was wir waren: ein Teil der großen deutschen Juristenrepublik und ihres vorbildlichen Parlamentes, des Deutschen Juristentages.

An bedrohter Stätte für unsere heilige Sprache und unser angestammtes Recht kämpfend —, gezwungen, täglich neu zu erobern, was wir von unseren Vätern ererbt haben —, Pioniere des deutschen Rechtes in partibus infidelium —, empfinden wir doppelt die geistige Zusammengehörigkeit aller Deutschen und ihre unzerstörbare Kulturgemeinschaft. Die Tschechoslowakei dem deutschen Kultur- und Rechtskreise zu erhalten, ist unsere historische Sendung, die wir nach Kräften erfüllen werden. Wir wollen auch dazu beitragen, daß die Minoritätenfrage aus den Niederungen innerstaatlichen Haders in die höhere Sphäre des internationalen Rechtes emporgehoben, daß das Minderheitenrecht entpolitisiert und in eine wirkliche Rechtsinstitution umgewandelt werde.

Zu Pfingsten des nächsten Jahres wird der deutsche Juristentag der Tschechoslowakei in der alten deutschen Bade- und Kurstadt Teplitz-Schönau tagen. Sie alle sind feierlich und brüderlich geladen! Ich weiß, daß Sie kommen werden — uns zur Freude, zum Troste und zur Stärkung.

Goethe sagt: „Was uns zerspaltet, ist die Wirklichkeit; doch, was uns einigt, das sind Worte". Lassen Sie mich hinzufügen: nicht nur Worte —, es ist das köstliche Gut unserer Sprache, es ist Tradition und Geschichte, Kunst und Wissenschaft, es ist Herz und Gefühl, es ist das, was Spengler die Einheit der Seele nennt.

Durch eine unerforschliche Fügung des Schicksals kommen wir in diese traumhaft schöne Stadt — die fine fleur der österreichischen Städte — als Ausländer. Nicht als Fremde. In alter Treue grüßen wir die Reichsdeutschen und die Österreicher.

Die große deutsche geistige Einheit und ihr wesentliches Fundament, die Rechtseinheit, ist der sittliche Leitgedanke des Salzburger Juristentages. Die Sudetendeutschen wünschen der Tagung und den Ideen, die sie beherrschen, Erfolg, Glück und Heil.

Vorsitzender Geheimrat Kahl:

Hochverehrte Versammlung! Es ist die nicht eben leichte, aber um so ehrenvollere Pflicht des Vorsitzenden, den hochverehrten Herren, die den Juristentag in persönlichen Ansprachen begrüßt haben, mit einigen dankenden Worten zu erwidern.

Ehe ich das tue, hole ich eine Einzelbegrüßung nach. Der von mir zu erwähnende hochverehrte Gast wurde mir nicht angekündigt; aber während ich den Reden lauschte, sah ich ihn mir gegenüber. Es ist der hochverehrte deutsche Gesandte in Wien, Seine Exzellenz Graf Lerchenfeld. Ich weiß, und der Beifall bestätigt es, daß ich aus aller Herzen rede: das Deutsche Reich weiß sich durch Eure Exzellenz in vollendet vornehmer Weise vertreten. In höchster Anhänglichkeit, Verehrung, die ich aus früherer gemeinschaftlicher Arbeit hier persönlich für Sie empfinde, heiße ich auch Sie persönlich willkommen.

Indem ich daran gehe, in bescheidener Weise der Pflicht zu genügen, den Herren zu antworten, darf ich wohl gemeinsames und besonderes voneinander unterscheiden. Gemeinsam habe ich den verehrten Herren für die überaus freundlichen Worte zu danken, die sie in ihre Reden eingekleidet und in Anerkennung der bisherigen Tätigkeit und Arbeit dem Juristentag gewidmet haben, sowie für die Wünsche, die sie ihm für seine schwere weitere Arbeit mit auf den Weg gegeben haben. Diese Anerkennung soll uns ein Ansporn sein, im großen Geiste unserer geschichtlichen Vergangenheit unsere Arbeit fortzusetzen.

Gerade nach dem Jahre 1876 ist in der Literatur und der Presse viel von der Frage die Rede gewesen: ist der Juristentag noch notwendig und lebensfähig? Ich glaube, heute kann diese Frage nicht mehr aufgeworfen werden. Notwendig ist gewiß die Teilung des Juristenstandes, die fachmännische Gliederung, wie sie im Reich und in Österreich besteht: in Richter-, Anwalts- und Notarvereine, in wissenschaftliche Gruppen. Aber darüber darf die Einheit des Standes und des Standesbewußtseins nicht zugrunde gehen. Im Gegenteil: es ist die Aufgabe des Juristentages, diese Einheit des Juristenstandes kollegial zusammenzufassen und rechtsschöpferisch nutzbar zu machen. Daher nehmen wir die Wünsche, die unserer Zukunft entgegengebracht worden sind, mit dankbarem Herzen auf.

Gemeinsam war den Ansprachen der Grundton, der Anklang an den Gedanken der Rechtseinheit, etwas, was uns alle auf das tiefste bewegt. Ich darf wohl aussprechen, daß der deutsche Juristentag an dem Bau der Rechtseinheit einen großen Anteil hat. Schon vom Anfang, von seiner Gründung an, zu einer Zeit, als an einen staatlichen Zusammenschluß noch lange nicht gedacht werden konnte, als der Gedanke außerhalb aller Möglichkeit und Berechnung lag, finden Sie, lediglich auf Grund des Bewußtseins der Stammeseinheit und auf Grund der durch vielhundertjährige Kulturgeschichte erworbenen Einheit des Rechtes Anklänge an die Rechtsannäherung. Zunächst auf dem Gebiete des Privatrechts, des Zivilprozesses, dann später auf dem Gebiete des öffentlichen Rechtes, lebendig gemacht vor allem durch den Weltkrieg, damals die Rechtseinheit freilich erhofft als eine Frucht siegreicher Waffenbrüderschaft, mit einer unendlich edlen Leidenschaft aufgegriffen. Ich muß hier wieder den Namen Franz Klein erwähnen, unter dessen Leitung im Jahre 1916 die Ständige Deputation Pläne für die gesamte Rechtseinheit des Verkehrs- und des Wirtschaftsrechts entworfen hatte. Diese sind durch die weiteren Schicksale zerschlagen worden; aber je mehr wir durch schwere Schicksalsgemeinschaft verbunden wurden, um so mehr erhob sich der Gedanke, die Hoffnung, Erwartung und Arbeit an dem Gedanken der Rechtseinheit.

Sie wissen, daß die Entwicklung der Dinge zunächst die Strafrechtseinheit in den Vordergrund geschoben hat. Es ist so viel darüber geschrieben worden, daß ich in dem Kreise dieses Juristentages näheres darüber nicht ausführen muß. Aber eines drängt mich und kann ich nicht unausgesprochen lassen, das ist der Dank der Deutschen an die Österreicher.

In diesem Zusammenhange darf ich, was ich schon ursprünglich vorhatte, meiner Freude darüber Ausdruck geben, daß unter unseren Gästen auch der hochverehrte Vorgänger des Herrn Justizministers Slama, der frühere Justizminister, der wieder zu seinem rein richterlichen Berufe zurückgekehrte Herr Dr. Dinghofer, anwesend ist. Ich danke Ihnen herzlich und möchte Sie ausdrücklich begrüßen; denn in der Geschichte der deutsch-österreichischen Strafrechtseinheit spielen Sie mit eine Anfangsrolle. Keiner von uns, der dabei sein durfte, wird vergessen, mit welch beweglichen Worten Sie in der ersten schönen Sitzung der parlamentarischen Strafrechtskonferenz die Dinge eingeleitet und dem Ganzen dadurch einen Geist eingehaucht haben, der bis in die letzte Verhandlung nachgewirkt hat.

Sie wissen, daß durch den Gang der inneren Krise im Reiche die Aufgabe unterbrochen wurde. Ich kann aber mitteilen, daß durch das Überleitungsgesetz des deutschen Reichstags mir die Möglichkeit gegeben wurde, den deutschen Strafrechtsausschuß bereits wieder auf den 9. Oktober zur Fortsetzung seiner Arbeit einzuladen, und darum darf ich hoffen, daß bald darnach auch wieder die deutsch-österreichische parlamentarische Strafrechtskonferenz zur gemeinsamen Arbeit zusammentreten wird. Wenn wir dann, wie ich hoffe, den jetzigen Bundesminister für Justiz begrüßen und mit ihm im gleichen Geiste zusammenarbeiten dürfen, so wird — dessen seien Sie versichert — niemand den Namen Dinghofer vergessen.

Unsere Arbeit an der Rechtseinheit dient aber noch einem höheren Zweck und einem weiteren Ziele. Da dies hier gestreift ist, unmißverständlich zu meiner Freude, so spreche ich ebenfalls kurz davon. Unvermeidlich gerate ich damit in einen Zusammenhang mit der in unser aller Seelen lodernden und brennenden Frage des Anschlusses. Ich bin mir der persönlichen Verantwortung vollkommen bewußt, die ich trage, wenn ich namens des Juristentages hier ein Wort darüber rede; ich bin mir vollkommen bewußt der Notwendigkeit einer Sachlichkeit und Maßhaltung, die geboten wird nicht nur durch die allgemeine politische Lage, sondern, wie ich ausdrücklich von meinem Standpunkte aus hinzufüge, auch durch die Gastfreundschaft, die uns hier gewährt wird. Aber wir feiern ja kein Sängerfest, auf dem sich natürlich unter Umständen elementar und mit unzügelbarer Gewalt die ideellen Gefühlswerte durchsetzen. Wir sind Hüter des Rechtes, und gerade als Hüter des Rechtes dürfen wir nicht schweigen. Ich habe in einem anderen Zusammenhange nachgewiesen, daß auch hierin seit dem Weltkrieg die Aktivlegitimation des Deutschen Juristentages sich grundlegend geändert hat. Das ganze öffentliche Rechtssystem war zerschlagen, und an seine Stelle war Neues zu setzen oder bereits getreten. Wollte der Juristentag im Geiste seiner ursprünglichen Stiftung mitarbeiten am Wiederaufbau einer versunkenen Rechtswelt, dann gab es für ihn keinen Eklektizismus der Arbeitsgebiete und kein Fernhalten mehr von Staats- und Völkerpolitik. Erinnern Sie sich, meine Freunde, an den ersten Juristentag nach dem Kriege in Bamberg. In diesem Geiste und Berufe haben wir in Bamberg die Staats- und Völkerpolitik mutig aufgegriffen, haben Protest eingelegt gegen Vergangenes, Sanktionen und anderes. Und der Berichterstatter Prof.

Meurer-Würzburg hat damals unter der, ich kann wohl sagen, atemlosen Spannung und unter Zustimmung der ganzen Zuhörerschaft seinen Bericht mit den Worten geschlossen: „Wir müssen protestieren; denn der Deutsche Juristentag ist das Rechtsgewissen des deutschen Volkes!“

Dieses Rechtsgewissen hat damals gesprochen, dieses Rechtsgewissen ganz allein spricht auch heute. Alle, die es angeht, auswärtige Staaten und wen sonst immer, wissen und müssen wissen, daß wir hier keine Gewaltpolitik treiben, keine gefährlichen pangermanistischen Ziele anstreben, daß wir den europäischen Frieden, das europäische Gleichgewicht nicht stören wollen. Nein! Aber was wir kraft der Vertretung des Gewissens des deutschen Volkes fordern dürfen, das ist dies: daß das im Jahre 1919 mit so großem Pathos proklamierte Grundrecht der Selbstbestimmung der Völker endlich auch Anwendung und Anerkennung finde für unsere beiden Reiche!

Als besonnene Juristen — das nehmen wir für uns in Anspruch — wissen wir wohl, daß die staatsrechtliche Durchführung dieses Gedankens noch lange Zeit erfordert, wissen wir wohl, daß noch Schwierigkeiten in unseren eigenen Ländern nach allen Richtungen zu überwinden sind. Reichsreformen werden hier wie dort notwendig sein. Aber darum geht es jetzt nicht; es geht nicht um etwas, was von heute auf morgen durchzusetzen sein soll, es geht um den großen Grundgedanken, das Grundgesetz der Freiheit selbst. Wir wollen den Völkerbund selbst davon überzeugen, daß die möglichste Durchführung und Wahrung des Nationalitätenprinzips — die vollkommene ist natürlich in den Kurven der Weltgeschichte nie zu erreichen, aber die möglichste Durchführung — ein europäisches Kulturbedürfnis ist und daß es die Gerechtigkeitsidee bis ins Letzte verletzen würde, wenn man einer aus der Wucht nationaler Notwendigkeit geborenen und sich fortentwickelnden Gemeinschaftsbewegung aus formaljuristischen Gründen dauernd Schlagbäume setzen oder Riegel vorschieben wollte.

Ich spreche hier aus: der Artikel 61 Abs. 2 unserer Reichsverfassung, der in einem bestimmten Punkte die Beteiligung Österreichs am Verfassungsleben des Reiches vorsieht, steht noch heute in formeller Geltung. Wir wissen sehr wohl, daß er unvollziehbar ist, so lange der Völkerbundsrat seine Zustimmung nicht gibt. Aber das eben und das allein, nicht Gewalt, ist unsere Forderung, ist unsere Bitte, ist unser Anspruch, ist unsere Hoffnung, daß endlich auch in diesem Punkte die reine Idee des Rechtes sich durchsetzt. Und im Hinblick darauf — das hat ein Redner so richtig und treffend bemerkt — arbeiten wir mit Hoffnungsfreudigkeit an der Rechtseinheit, und wir erwarten — ich glaube, es hat das der Herr Reichsjustizminister ausgesprochen —, daß an dem Tage, wo die Schranke fällt, es sich sozusagen nur um einen Formalakt handelt, nachdem die materielle Rechtseinheit unter unseren zusammengehörenden Völkern bereits hergestellt worden ist.

Noch eine zweite Frage, die auch berührt wurde, darf ich nicht unterdrücken oder, wie ich lieber sagen möchte, ich darf mich nicht an ihr vorbei drücken: das ist der Schutz der Minderheiten. Auch da fällt es mir gar nicht ein, Anklagen zu erheben oder politische Kritik irgendwelcher Art zu üben. Es handelt sich mir rein um die Sache selbst. Aber diese Sache ist so wichtig, daß nach meiner innersten Überzeugung auf einer der nächsten Tagungen der Deutsche Juristentag das Minderheitsproblem auf seine Tagesordnung setzen muß. Er muß es auf seine Tagesordnung setzen, weil es sich hier um eine Frage handelt, die ihrem innersten Wesen nach der Politik entzogen werden und nur auf den Boden des Rechtes gestellt werden soll. Gewiß erkennen wir die Garantie des Völkerbundes schon jetzt als einen wertvollen Schutz der Minderheiten an; aber die völkerrechtliche Regelung selbst ist ungenügend. Die Hilfe ist gegründet auf die Voraussetzung einer Beschwerde, also einer bereits eingetretenen Rechtsverletzung. Das Verfahren ist vielfach ungenügend, die Minderheit wird nicht genügend gehört, es fehlt der internationale Gerichtshof. Im Interesse des Völkerbundes selbst, im Interesse des Vertrauens auf die Garantie und den Schutz des Völkerbundes ist es notwendig, daß hier endlich die völkerrechtliche Regelung eingreift. Ihr brauchen wir uns, weiß Gott, nicht zu entziehen. Wir sind dankbar dafür, daß schon andere Instanzen, daß die Union der Völkerbundligen, daß die Deutsche Gesellschaft für Völkerrecht, daß in den allerletzten Wochen erst die Interparlamentarische Union, daß freie Versammlungen in Genf und Lausanne, ja, daß der Völkerbund selbst in seiner Minderheitsabteilung diese Frage in die Hand genommen und Verbesserungsvorschläge gemacht hat. Aber das erfordert erst recht, daß der Juristentag, dieses Organ des deutschen Rechtsgewissens, sich dieser Frage nicht entzieht. Denn es handelt sich nicht bloß um Fragen innerstaatlicher Zuständigkeit; es handelt sich um die internationale Auswirkung der Gerechtigkeitsidee auf dem Gebiete der persönlichen, der rechtlichen, der sprachlichen, der religiösen, der kulturellen, der sozialen Freiheit des Einzelnen. Mit einem Worte, das große Problem der Minderheiten läßt sich dahin zusammenfassen: wie kann und muß das Leben von Menschen — ich wiederhole: das Leben von Menschen! —, die das Unglück haben, einem national fremdartigen Staatsverband anzugehören, menschenwürdig und gerecht gestaltet werden?

Und weil die Frage so einfach liegt, kann sie wirklich der Politik entkleidet und es kann dem Juristentag nicht verübelt werden, wenn er seinerseits den Versuch macht, ein Idealstatut aufzustellen. Indem ich das sage, habe ich keine Kritik geübt und keine Anklage erhoben, wohl aber eine für den Juristentag nach meiner Meinung unvermeidliche große Aufgabe mit ein paar Worten umschrieben.

Nun möchte ich nur mit kurzen Worten noch auf ein paar Besonderheiten eingehen. Der hochverehrte Herr Reichsjustizminister hat eine ganze Reihe von Spezialfragen in geistvoller und interessanter Weise besprochen. Unmöglich kann ich natürlich auf alle eingehen, aber über eine möchte ich ein öffentliches Wort aussprechen. Er hat vom Abbau des Rechtes und von der Überproduktion und Hypertrophie unserer Gesetzgebung gesprochen. Mit vollem Recht. Aber natürlich setze ich voraus, daß er sich dabei nicht an den Juristentag gewendet hat; das wäre eine falsche Instanz; sondern damit müssen wir an die Parlamente und vor allem an den deutschen Reichstag — die Praxis des Nationalrats ist mir nicht so bekannt — uns wenden. Wir bekommen täglich unsere dicke Mappe mit den entsprechenden Neueingängen. Darin finden wir, wenn die Arbeit einmal losgegangen ist, Tag für Tag einen Stoß, ich übertreibe nicht: Antrag, die Reichsregierung zu ersuchen, unverzüglich einen Gesetzentwurf vorzulegen, in welchem usw. Die Volksvertretung also ist die Adresse, an die in allererster Linie die Bitte gerichtet werden muß, verständige Ökonomie in Aufbau, Existenz und Masse unserer Gesetzgebung zu treiben.

Vieles von dem, was der Herr Reichsjustizminister gesagt hat und was ich mir notiert habe, würde mich ungeheuer reizen; aber ich glaube, es entspricht dem Wunsche der Versammlung, wenn ich das auf eine Privatunterhaltung unter uns verschiebe und nicht in der Öffentlichkeit besorge.

Im besonderen möchte ich vor allem noch dem Herrn Vertreter der Tschechoslowakei ein kurzes Wort sagen. Er weiß, daß wir die Zusammenhänge zwischen uns Reichsdeutschen und den Sudetendeutschen auf Ihren deutschen Juristentagen bisher sehr sorgfältig gepflegt haben. Wir haben insbesondere in der Ständigen Deputation ein Mitglied, das sich um die fortgesetzte Aufrechterhaltung dieser Beziehungen hohe Verdienste erworben hat, das zu meiner Freude auch in unserer Mitte weilt, Herrn Kammergerichtspräsidenten Dr. von Staff, der regelmäßig die Beziehungen dorthin unterhalten hat und das hoffentlich auch weiterhin tun wird.

Nach meiner Erinnerung hat der verehrte Vertreter der Tschechoslowakei uns auch auf Pfingsten eingeladen. Da entsteht leider eine leichte Kollision, weil wir Deutschen, die auch ihren eigenen Kopf haben, ich will nicht sagen seit Jahrhunderten, aber seit einem halben Jahrhundert ihre Pfingst-Deputationssitzungen regelmäßig abhalten. Wir wollen aber erwägen, wie die Sache zu regeln ist. Ich will sie nicht etwa in die Formel kleiden, daß der Gescheitere nachgeben würde; aber es besteht der gute Wille bei uns, auch auf diesem Gebiete möglichst eine gemeinsame Arbeit sicherzustellen. Ich kann den verehrten Freunden aus der Tschechoslowakei wiederum nichts anderes wünschen als das, was ich früher schon einmal habe anklingen lassen: daß es ihnen gelingen möge, vor allem innerhalb ihrer Deutschheit, um Fichtes Wort zu gebrauchen, selbst die erforderliche Einheit und Einigkeit aufrecht zu erhalten, im Bewußtsein, daß in dieser Einheit allein Kraft und Garantie und Stärke der Zukunft gelegen ist.

Endlich darf ich mich noch mit herzlichen Dankesworten an den Herrn Landeshauptmann und den Vertreter der Stadt wenden, die uns in so außerordentlich freundlicher Weise hier willkommen geheißen haben. Ich habe es nicht nötig, erst die Herrlichkeiten von Salzburg noch einmal anzuführen; die hat jeder in seinem Herzen und hat sie äußerlich geschaut. Aber der deutsche Juristentag muß Ihnen doch noch einen besonderen Dank darbringen. Schon bei unserer Pfingstsitzung in Dresden hatten wir die Freude, zwei Vertreter des Ortes bei uns zu haben, die mit außerordentlicher Freundlichkeit die Fürsorge für den Erholungsteil betrieben haben. Der verehrte Landeshauptmann hat vollkommen recht: Wir sind auch herzlich dankbar, wenn wir nach dieser Seite in Salzburg unsere „gute Stunde" finden; das ist in dem Ernst der Zeit notwendig, daß neben die Schwere der Arbeit auch die Freude der Erholung trete, und wir wünschen Ihnen und wünschen uns, daß das in dieser Beziehung entworfene Programm auch richtig durchgeführt werden könne.

Salzburg steht ja in dieser Beziehung — ich sage ausdrücklich: in dieser einzigen Beziehung — in einem gewissen zweifelhaften Ruf. Eine Reminiszenz an den Juristentag von 1876, dessen Verhandlungen ich natürlich genau gelesen habe, muß ich doch anbringen. Da schreibt einer der Chronisten, Herr Max Heinsheimer aus Mannheim, damals in der Juristischen Wochenschrift neben anderem, daß das Vergnügungsprogramm, glänzend entworfen, ungeachtet der Störungen durch die Ungunst der Witterung doch glänzend durchgeführt wurde. In der glänzenden Durchführung, da wünsche ich die Parallele, in der Ungunst der Witterung wünsche ich die Parallele nicht und ersuche den Ortsausschuß und den Herrn Landeshauptmann ihrerseits, was sie können, zu tun, um diese Ungunst zu beseitigen. Und noch eine kleine Reminiszenz an den Salzburger Juristentag von 1876 muß ich vorbringen, nämlich ein Wort des damaligen Vorsitzenden, Rudolf von Gneist. Um nicht den dicken Band mit hierher schleppen zu müssen, habe ich mir das wörtlich herausgeschrieben. Gneist hat in der Schlußsitzung den Dank an das Lokalkomitee in Salzburg ausgesprochen und dann wörtlich gesagt: „wobei ich in Parenthesi mir zu bemerken erlaube, daß bei der heutigen Versammlung der Vertrauensmänner von einem Mitglied die unmaßgebliche Ansicht ausgesprochen wurde, daß die Vergnügungen einen zu großen Teil der Tagesordnung des Juristentages einzunehmen drohen. Es ist jedoch dagegen bemerkt worden, daß das nur eine Bemerkung zur Geschäftsordnung sei und daß ihr daher keine praktische Folge gegeben wird". Ich wiederhole auch meinerseits als unwürdiger Nachfolger Rudolf Gneists, daß solchen etwaigen Einwendungen keinerlei praktische Folge gegeben werden darf und daß also auch in dieser Beziehung die Unanimität von 1876 und 1928 hergestellt ist.

Und nun darf ich Sie nicht länger in Anspruch nehmen; denn wir haben doch noch einige Dinge zu erledigen. Ich möchte also meinerseits meine Worte der Erwiderung schließen. Meine verehrten Herren Redner! Sie haben sämtlich durch Ihre Freundlichkeit den Juristentag geehrt, bereichert, erfreut, und Ihre Worte werden, im Druck der Nachwelt überliefert, eine dauernde reiche

Erinnerung an diesen Juristentag in Salzburg sein. Haben sie alle noch einmal den allerherzlichsten Dank!

Ehe ich dann noch kurz einige geschäftliche Mitteilungen über die Abteilungen und ihre Arbeit zu machen habe, darf ich einschieben, daß es alter Sitte entspricht, daß der Deutsche Juristentag, den jetzigen staatsrechtlichen Verhältnissen entsprechend, dem Präsidenten des Reiches und des Bundes einen ehrerbietigen Gruß schickt. Ich nehme an, daß auch diesmal der Juristentag einverstanden ist. Speziell drängt mich dazu, daß ja der hochverehrte österreichische Herr Bundespräsident erst am 12. August d. J. seinen 70. Geburtstag gefeiert hat. Den möchte ich auf dem Juristentag nicht unerwähnt wissen; denn wir Deutschen sind in Dankbarkeit und Ehrerbietung dem Herrn Bundespräsidenten ergeben, und auch dies soll in unserem Huldigungstelegramm erwähnt sein. Mit Ihrer Zustimmung würde ich an ihn und an den Reichspräsidenten ein aus tiefstem Herzen kommendes ehrerbietiges Huldigungstelegramm richten. Wenn Sie damit einverstanden sind, bitte ich Sie, die Fassung dieses Telegramms uns anheimzustellen.

Zum Schlusse habe ich noch eine ernste Pflicht zu erfüllen und ein Wort dankbarer Erinnerung nachzurufen vier teueren verstorbenen Freunden.

Die Ständige Deputation hat im Zeitraum weniger Tage durch den Tod verloren die Herren Prof. Hanausek-Graz, gestorben am 11. September 1927, und Oberlandesgerichtspräsident Dr. Mittelstein-Hamburg, gestorben am 25. September 1927.

Prof. Hanausek war Mitglied der Ständigen Deputation seit dem 26. Juristentage in Berlin, 1902, Präsident Dr. Mittelstein seit dem 32. Juristentag in Bamberg, 1921. In beiden haben wir hervorragende, tüchtige und treue Mitarbeiter besessen. Beide haben schon lange Jahre vor ihrem Eintritt in die Ständige Deputation an den wissenschaftlichen Aufgaben des Juristentages lebendigen Anteil genommen, zum Beispiel Hanausek schon auf dem Straßburger Juristentag von 1889, Mittelstein auf dem Kieler Juristentag von 1907. Innerhalb der Deputation hat jeder von ihnen in seiner ausgeprägten Originalität, beide vor allem durch ihre geschlossene Persönlichkeit, der hervorragende österreichische Gelehrte und der unbestechliche deutsche Richter, mit unschätzbarem Rat und in treuer Kollegialität der Sache des Juristentages gedient.

Wir schulden ihnen daher aufrichtige Dankbarkeit und ein Gedächtnis hoch in Ehren.

Der dritte ist Ludwig Enneccerus, Professor in Marburg. Er war 1921 aus der Deputation ausgeschieden und neben Olshausen, Gierke und Schmidlin zum Ehrenmitglied ernannt worden. Des Heimganges der beiden Ersten hatte ich schon bei früheren Tagungen zu gedenken. Nun ist auch Enneccerus am 31. Mai 1928 verstorben. Ich gedenke des verdienten, liebwerten Kollegen in tiefer Verehrung und Dankbarkeit. Von 1882, dem Kasseler Juristentag, bis 1921, also fast 40 Jahre war er Mitglied der Ständigen Deputation. Auf nicht weniger als 12 Juristentagen war er als Berichterstatter tätig. Zu seinem 85. Geburtstag am 1. April d. J. habe ich ihn begrüßt. In einem Dankschreiben an mich vom 6. April schreibt er, daß die Erinnerungen an die Juristentage zu den schönsten seines Lebens gehören. Am 4. Juni d. J. aber legte unser hochverehrter Freund und Kollege Geheimrat Kipp in Berlin, der, wie Sie alle wissen, wissenschaftlich eng mit ihm verbunden war, unter Worten der Verehrung und des Dankes den Kranz des Deutschen Juristentages an seinem Grabe nieder. Seine Tochter schrieb mir am 14. Juni, daß eines seiner letzten Worte war: „Ach, arbeiten!" Dem treuen Arbeiter ein ehrendes Angedenken!

Und endlich und schließlich: am 26. August d. J. ist unerwartet Prof. Dr. Moritz Liepmann in Hamburg im erst vollendeten 59. Lebensjahre verstorben, ein, wie Sie alle wissen, von höchstem Idealismus der Freiheit und Gerechtigkeit getragener, durch tiefes, durch reiches Wissen ausgezeichneter, von unerschrockenem Wahrheitsdrang beseelter Kriminalist, ein überaus humaner und liebenswerter Mensch. Seine Universität und die Stadt Hamburg haben Unersetzliches an ihm verloren; viel verlor an ihm auch der Deutsche Juristentag. Haben wir heute des Wiener Juristentages von 1912 gedacht, so ist unvergeßlich damit auch das Gedächtnis an Moritz Liepmann verbunden. Mir persönlich — ich kann nicht sagen, in welchem Maße — ist tief beweglich, daß gerade ich berufen bin, in Dankbarkeit hier sein Gedächtnis zu feiern. Dort in Wien war ich sein scharfer Gegner in der Frage der Todesstrafe. Um so schmerzlicher und aufrichtiger soll nunmehr der Ausdruck meiner Trauer um den Verlust dieses hervorragenden Kollegen und zugleich im Namen des Juristentages das Zeugnis fortdauernder dankbarer Verehrung sein.

Nunmehr darf ich Sie bitten, sich zum Gedächtnis an die Verstorbenen von Ihren Sitzen zu erheben. (Die Versammlung erhebt sich.) Sie haben diesem Wunsche entsprochen, ich danke Ihnen.

Nun habe ich noch kurz einige Mitteilungen bezüglich der Arbeit der Abteilungen zu machen. Die Abteilungssitzungen beginnen morgen und setzen sich am Freitag fort. Sie beginnen morgen den 13. September um 9½ Uhr vorm., und zwar tagt:

die bürgerlich-rechtliche Abteilung im Wiener Saal des Mozarteum;

die öffentlich-rechtliche Abteilung im Großen Saal des Mozarteum;

die strafrechtliche Abteilung im Stadtsaal des Festspielhauses und

die wirtschafts- und finanzrechtliche Abteilung im Festspielsaal des Festspielhauses.

Die Abteilungen wählen nach den Statuten selbst ihre Vorsitzenden und Schriftführer und bestimmen nach Bedarf den weiteren Gang ihrer Sitzungen. Die in den Abteilungen gefaßten einzelnen Beschlüsse wollen baldigst mir oder einem anderen Mitglied des Präsidiums mitgeteilt werden.

Eine besondere Aufgabe der Abteilung ist ihre Mitwirkung bei der Aufstellung der Mitgliederliste für die künftige Ständige Deputation, eine sehr wichtige Aufgabe. Hierüber bestimmt der § 9 unserer Satzungen, daß jede Abteilung zehn Vertrauensmänner wählt. Diese Wahl wird in der Freitagsitzung der Abteilungen vorgenommen werden, und ich bitte dann, die Namen der Gewählten mir möglichst bald mitzuteilen. Die 40 Vertrauensmänner treten dann gemeinsam mit dem von Ihnen hier bestimmten Präsidium Samstag, den 15. September, um 10 Uhr vorm. im Wiener Saal des Mozarteum zusammen. Wir stellen eine Vorschlagsliste auf, und diese wird dann zur freien Diskussion, Annahme oder Ablehnung, in der zweiten Plenarsitzung gestellt.

Ich habe endlich nur noch die Mitteilung zu machen, daß die zweite Plenarsitzung Samstag, den 15. September, 11 Uhr vorm., und zwar im Großen Saal des Mozarteum, stattfindet.

Ihre Hauptaufgabe ist neben der Wahl der Ständigen Deputation die Abgabe und Entgegennahme der Abteilungsberichte. Jede Abteilung wählt für jedes Thema einen Berichterstatter, der gebeten ist, in der zweiten Plenarsitzung im Zeitraum von 10 bis

15 Minuten einen Bericht über die Verhandlungen und Beschlüsse zu erstatten. Ich setze heute schon die Tagesordnung für diese zweite Plenarsitzung fest.

Als ersten Punkt stelle ich auf die Tagesordnung etwaige Mitteilungen des Vorsitzenden. Namentlich habe ich mir vorbehalten, auch noch ein Dankeswort an diejenigen zu sprechen, die so gütig waren, dem Juristentag Widmungen wissenschaftlicher Art zu machen. Ich war heute noch nicht in der Lage, eine vollkommene Übersicht darüber zu bekommen. Weiterhin wird auf Grund eines Beschlusses der Ständigen Deputation Herr Rechtsanwalt Hachenburg (Mannheim) einen Bericht über die vom letzten Juristentag eingesetzte Kommission zur Frage der Reform des Aktienrechts erstatten. Dann kommen die Berichte der Abteilungen, dann der Kassenbericht, der sich nach dem Stande der Finanzen verhältnismäßig kurz gestalten wird, und die Wahl der neuen Ständigen Deputation.

Ich meinerseits habe weitere Mitteilungen nicht zu machen, außer einer einzigen, die mir von Herrn Justizminister Gürtner (München) zur Verlautbarung gegeben worden ist: die Unterausschüsse der österreichisch-deutschen und deutsch-österreichischen Arbeitsgemeinschaft für bürgerliches Recht und Handelsrecht versammeln sich zu einer gemeinsamen Besprechung Freitag, den 14. d. M., nach Schluß der Beratungen der bürgerlich-rechtlichen Abteilung des Juristentags im Wiener Saal des Mozarteum, was ich hiermit allgemein bekanntgegeben haben will.

Wenn sonst aus der Versammlung keinerlei Wünsche und Anregungen mehr gegeben werden (nach einer Pause:), so erlaube ich mir, mit herzlichem Dank für das zahlreiche Erscheinen die erste Plenarsitzung hiermit für geschlossen zu erklären.

(Schluß: 19 Uhr 30 Min.)

Zweite Vollversammlung,

Sonnabend, den 15. September 1928, 11 Uhr.

Vorsitzender Geh. Justizrat D. Dr. Wilhelm Kahl:

Ich eröffne die zweite Plenarversammlung und heiße alle — zu meiner großen Freude so zahlreich erschienenen — Mitglieder und Freunde auf das herzlichste willkommen.

Sollte eine Abstimmung eintreten müssen, was ich bis jetzt noch nicht voraussehen kann, müßte ich allerdings bitten, daß die Nichtmitglieder des Juristentages sich in deutlich unterscheidbarer Weise von den abstimmungsberechtigten Mitgliedern erkennbar machen.

Zu Schriftführern für die zweite Plenarversammlung berufe ich die Herren Rechtsanwalt Dr. Huber, Bezirkshauptmann Dr. Watteck, Finanzrat Dr. Beer und Oberlandesgerichtsrat Dr. Kirchmayer. Ich setze voraus, daß die Herren die Freundlichkeit haben, das Amt zu übernehmen. Die Herren haben schon ihre Plätze eingenommen — meinen besten Dank!

Die Tagesordnung ist von mir bereits das letztemal bekanntgegeben worden; es ändert sich an derselben nichts.

Zunächst habe ich die Ehre, eine Reihe von Mitteilungen Ihnen bekannt zu geben.

Vor allem ist eine Antwort seitens der beiden Herren Präsidenten des Bundes und des Reiches eingetroffen (liest):

„Bundespräsident dankt verbindlichst für freundliche Begrüßung sowie Glückwünsche und wünscht Beratungen des Juristentages besten Erfolg. Kabinettsdirektor."

Dann vom Herrn Reichspräsidenten Hindenburg (liest):

„Den in Salzburg zu gemeinsamer Arbeit versammelten deutschen und österreichischen Juristen danke ich für ihre freundlichen

Grüße und ihr Gelöbnis, auch fernerhin in ernster Arbeit der Gerechtigkeit dienen zu wollen. Ich erwidere ihre Begrüßung mit den besten Wünschen für ihre diesem Ziel dienende Tagung.

v. Hindenburg, Reichspräsident."

Ich möchte ferner hier einen Dank aussprechen der ungarischen Delegation zum deutschen Juristentag, die mir mit freundlicher Begrüßung ihre Karten zugesandt hat. Ich nehme an, daß dies mir für den Juristentag zuteil geworden ist.

Wir haben ferner ein Telegramm aus Amerika bekommen. Einige unserer Freunde sind nach Amerika gereist zu einer Studienreise. Ich weiß aber und wußte es, daß sie mit unserer Arbeit in Gedanken aufrichtig verbunden sind. Ich habe zu meiner Freude schon gestern folgendes Telegramm erhalten:

„Dem deutschen Juristentag senden deutsche und österreichische Rechtsanwälte von einer amerikanischen Studienreise beste Grüße und wünschen erfolgreichen Verlauf. Eyck, Späing."

Die Namen sind Ihnen bekannt. Eyck ist der juristische Vertreter und Mitarbeiter der „Vossischen Zeitung" und hat immer außerordentlich regen Anteil an unseren Verhandlungen genommen.

Es ist ferner ein Schreiben eingegangen von dem Landeshauptman von Salzburg, der aus dienstlichen Gründen persönlich nicht erscheinen konnte. Er gibt seiner aufrichtigsten Freude darüber Ausdruck, daß die Tagung in Salzburg stattgefunden hat und übersendet nachträglich die wärmsten Wünsche.

Es liegen auch bereits Einladungen vor. Eine telegraphische von der Stadt Berlin:

„Bitten Sie herzlichst, der Deputation für die Festlegung des Ortes des nächsten Juristentages die Einladung der Reichshauptstadt zu übermitteln. Berlin wird gewiß nichts unversucht lassen, dem Juristentag einen würdigen Empfang zu bereiten."

Ich kann einstweilen nur meinen Dank für die uns freundlichst zugedachte Ehrung ausdrücken; aber die Entscheidung darüber wird nicht hier, nicht vom Plenum, sondern von der neu zu wählenden Ständigen Delegation zu Pfingsten des nächsten Jahres getroffen werden. Inzwischen der Stadt Berlin unseren besten Dank.

Dann habe ich, da wir noch bei Grüßen sind, einen Wunsch auszusprechen, der auf keinen Widerspruch stoßen wird, daß nämlich der Juristentag seinem einzigen noch lebenden Ehrenmitglied, dem Staats- und Justizminister a. D. Dr. von Schmidlin in Stuttgart ebenfalls einen Gruß sende. Ich habe neulich schon mitgeteilt, daß im Jahre 1921 die Herren Olshausen, v. Gierke und Enneccerus mit Schmidlin zu Ehrenmitgliedern des Juristentages ernannt worden sind. Den drei ersten haben wir leider den letzten Nachruf widmen müssen. v. Schmidlin ist der einzig noch Lebende. Ich habe ihn im September vorigen Jahres persönlich in Baden-Baden zu seinem 80. Geburtstag begrüßt. Ich weiß, daß er mit ganzem Herzen und mit aller Treue den Verhandlungen des Juristentages folgt und ihm von Herzen zugetan ist. Ich danke Ihnen dafür, daß Sie bereits vorher die Zustimmung gegeben haben, daß ich ihn im Namen des Juristentages herzlichst mit besten Wünschen für sein ehrwürdiges Alter abermals begrüße.

Dann habe ich noch nachzuholen — ich war neulich nicht vollständig darüber unterrichtet —, daß unter den von mir zu begrüßenden Gästen auch als Vertreter des Reichsarbeitsministeriums Herr Ministerialdirektor Dr. Sitzler und einige andere Herren vom Reichsarbeitsministerium zu nennen gewesen wären. Ich habe eine große Anzahl von hochstehenden Beamten, Ministerialdirektoren, Ministerialräten usw. nicht einzeln anführen können, weil die erforderlichen Unterlagen mir noch nicht vorlagen. Aber mit diesen Herren begrüße ich auch Herrn Dr. Sitzler namens des Juristentages dankend für sein Erscheinen.

Im weiteren habe ich noch herzlichen Dank auszusprechen für alle wissenschaftlichen Gaben, die dem Juristentage zu seiner Begrüßung gesendet worden sind: „Der Deutschen Juristenzeitung": Dem 35. Deutschen Juristentage in Salzburg! „Der juristischen Wochenschrift", herausgegeben vom Deutschen Anwaltsverein: Dem 35. Juristentag zum Gruß! „Den juristischen Blättern", Herausgeber: Professor Dr. Heinrich Klang und Rechtsanwalt Dr. Otto Zimbler: Dem 35. Deutschen Juristentage gewidmet, Salzburg, 12. bis 15. September 1928. „Der Gerichtshalle", Zeitschrift für Rechtspflege und Volkswirtschaft: Der 35. Deutsche Juristentag. „Dem internationalen Anwaltsblatt": Der 35. Deutsche Juristentag in Salzburg. „Der Gerichts-Zeitung": Festnummer zum 35. Deutschen Juristentag in Salzburg. „Reich und Länder": Zeitschrift für die Entwicklung der Verfassung und Verwaltung in Deutschland: Zum 35. Deutschen Juristentag. „Steuer und Wirtschaft": Herausgeber Dr. Heinrich Reinach, Rechtsanwalt in München: Dem 35. Deutschen Juristentag widmet die Zeitschrift wie in den früheren Jahren eine Übersicht über die Entwicklung des Steuerrechts. „Zentralblatt für die juristische Praxis": Festschrift dem 35. Deutschen Juristentag gewidmet von österreichischen Juristen. „Arbeitsrecht": Zeitschrift für das gesamte Dienstrecht der Arbeiter, Angestellten und Beamten. Herausgegeben von Dr. Heinz Potthoff, München: Zum 35. Deutschen Juristentage. „Nova Juridica": Zum 35. Juristentage. „Zur Rationalisierung der Gesetzgebung, den Teilnehmer an dem 35. Juristentage überreicht von der Verlagsbuchhandlung Franz Vahlen. „Leipziger Zeitschrift, für Deutsches Recht: Zum 35. Deutschen Juristentage in Salzburg. „Zentralblatt für Handelsrecht: Mit dem Leitartikel: Rechtsangleichung und Juristentag von Handelsgerichtspräsident Dr. Friedrich Engel, Wien. „Monatsschrift für Kriminalpsychologie und Strafrechtsreform": Den kriminalpsychologisch und strafrechtlich interessierten Teilnehmern am 35. Deutschen Juristentag, Salzburg, 12. bis 15. September 1928. „Zeitschrift für Beamtenrecht": Probleme des Juristentages 1928. „Festzeitschrift des Landesverkehrsamtes in Salzburg „Salzburg" mit einer Widmung von Altbundeskanzler Dr. Rudolf Ramek: Dem Deutschen Juristentag 1928 zum Geleite! „Deutsche Richterzeitung": Dem Deutschen Juristentage in Salzburg zum Gruß! „Österreichische Anwaltszeitung": Dem Deutschen Juristentag Gruß und Willkomm!

Wenn ich das nur so formal verlesen habe, so gewinnt das alles doch vor Ihrem geistigen Auge Leben; denn Sie kennen die meisten dieser Zeitschriften. Keiner von Ihnen, ich auch nicht, hatte natürlich in diesen bewegten Tagen die Zeit, im einzelnen sich damit vertraut zu machen. Dieses oder jenes habe ich gelesen und daraus den Eindruck gewonnen, daß in der Tat außerordentlich wertvolles Material in diesen schönen Gaben steckt, für das wir den Überreichern und Stiftern nicht genug dankbar sein können. Wie sollen wir unseren Dank abstatten? Nicht so, daß wir es als wertvolles Material in unseren Koffern verpacken und hernach in unseren Bibliotheken verstauen, sondern daß wir uns in der Tat mit dem Inhalte bekanntmachen. Das wird für die freundlichen Stifter der beste Dank sein. Allen einzelnen wie den kollegialen Stiftern spreche ich hiermit den allerherzlichsten Dank des Deutschen Juristentages aus.

Wir kommen nun zu den folgenden Teilen der Tagesordnung, zu den Berichten. Zunächst über die Aktienreform. Berichterstatter hierüber ist Herr Dr. Hachenburg.

Nach diesem Berichte werden die Abteilungsberichte in der Reihenfolge erstattet werden, in der sie in dem gedruckten Hefte angegeben sind. Das ist der Höhepunkt des ganzen Juristentages, auf welchem uns das gesamte Bild der geleisteten Arbeit vor Augen geführt wird. Zum Schlusse ist noch der interessanteste Bericht zu erstatten, der Kassenbericht.

Ich ersuche nun meinen hochverehrten Nachbar, Herrn Präsidenten Dr. Engel, zur Sühne dafür, daß er mich zum Präsidenten vorgeschlagen hat, freundlichst die Vertretung zu übernehmen und während dieser Teile der heutigen Tagesordnung das Präsidium zu führen.

Handelsgerichtspräsident Dr. Engel (Wien): Ich danke Ihnen, hochverehrter Herr Geheimrat, für die zarte Aufmerksamkeit, die Sie mir und meinen Landsleuten dadurch erwiesen haben, daß Sie bei einem in Österreich stattfindenden Juristentag einem Österreicher den Platz des Vorsitzenden gütigst überlassen. Zur Beruhigung der Versammlung kann ich aber mitteilen, daß dieses Interregnum nur kurze Zeit dauern wird — ich finde es begreiflich, daß Sie sich alle darnach sehnen, unseren verehrten Kahl wieder an Ihrer Spitze zu haben.

Der uns zunächst beschäftigende Punkt der Tagesordnung ist die Entgegennahme des Berichts der durch den 34. Juristentag zur Prüfung einer Reform des Aktienrechtes eingesetzten Kommission. Ich ersuche Herrn Rechtsanwalt Dr. Hachenburg, uns gütigst den den Bericht zu erstatten.

Rechtsanwalt Dr. Hachenburg (Mannheim):

Meine verehrten Damen und Herren! „Ungeachtet ein gedruckter Bericht bereits vorliegt" hat der Herr Vorsitzende gesagt. Das war auch eine zarte Mahnung an mich, daß ich Ihnen nicht das mitteilen soll, was bereits in dem gedruckten Berichte steht. Dafür brauchte man nicht noch einmal zu reden; Sie brauchen das, was Sie schon schwarz auf weiß haben, nicht noch einmal zu hören. Diejenigen von Ihnen, die den Bericht gelesen haben — es sind wohl einige —, für die brauche ich seinen Inhalt nicht vorzutragen. Die wissen ihn schon. Von denen die ihn noch nicht gelesen haben, hoffe ich, daß sie es nachher tun werden. Und wer das auch dann nicht tut, für den brauche ich ihn erst recht nicht zu erzählen. Also keine Furcht, daß ich dieses ganze Material, das bereits gedruckt vorliegt, vorlese. Ich habe gerade dadurch das Vorrecht, Dinge zu sagen, die nicht in dem gedruckten Bericht enthalten sind. Sie stehen vielleicht zwischen den Zeilen. Vielleicht sind sie erst nachher zu unserer Kenntnis gekommen. Die Tatsache, daß der Bericht vor dem Juristentag herausgegeben wurde, hat die Handelspresse mobil gemacht. Es sind mir eine Reihe von solchen Äußerungen zugegangen. Andere Äußerungen folgten darauf. Das gibt mir die Berechtigung, mich etwas von dem Aufbau des Berichtes zu entfernen. Er wird deshalb doch wieder zu seinem Rechte kommen.

Die Handelspresse ist ein ganz gewaltiger Faktor in unserem Wirtschaftsleben, nicht nur deshalb, weil sie die Tatsachen verbreitet — auch den Bericht hat sie aufgenommen —, sondern weil sie auch darüber urteilt. Diese Urteile der Handelspresse gehen wieder in weitere Kreise. Das interessierte Publikum schöpft mehr aus ihnen als aus dem Bericht selbst.

Schon dafür müssen wir der Presse dankbar sein. In ihren Handelsredaktionen sitzen Männer, deren Namen im Wirtschaftsleben und im Wirtschaftsrecht einen sehr guten Klang haben. Die Kommission war nicht in der Lage, einen oder einige dieser Herren heranzuziehen. Sie war doch eine Kommission von Juristen. Aber die nachträgliche Mitarbeit durch Kritik nehmen wir gern entgegen. Das spreche ich aus, obwohl diese Kritik mitunter recht scharf ist. Es ist nicht uninteressant, das Material, soweit es mir zugänglich geworden ist, durchzusehen. Die Zensuren, die der Kommission erteilt worden sind, gehen von „Sehr gut" bis „Ungenügend". Bei dem einen heißt es, das sei eine ganz vortreffliche Arbeit, die beste, die auf diesem Gebiete seit der großen Reform des Jahres 1884 geleistet wurde. Im Gegensatz dazu spricht eine anderer von einem sehr dürftigen Ergebnis. In der Mitte stehen vielleicht Meinungen wie: „Immerhin ein gewisser Fortschritt, aber die eigentlichen Übelstände sind nicht beseitigt". Sehr wesentlich für uns ist, dazu werden wir gerade Stellung nehmen müssen, die Bemerkung: „die Juristen sind, wie sich hier wieder gezeigt hat, ihrer ganzen Natur nach konservativ" und dann mit einer gewissen Anerkennung dessen, was geleistet wurde: „Immerhin, sie lenken jetzt ein".

Ich glaube, hier liegt eine prinzipielle Frage vor, die Frage nach der grundsätzlichen Einstellung des Juristen zu den wirtschaftlichen Vorgängen und nach dem Recht der Gesetzgebung, in diese einzugreifen. Ich bitte sich die heutige wirtschaftliche Lage in Deutschland und auch in Österreich zu vergegenwärtigen. Nach dem ungeheuren Kriege, dem verlorenen Kriege, ein vollständiger Niederbruch der Wirtschaft, ein Ringen um das Wiederaufleben, um den Wiederaufbau und damit auch gleichzeitig der Kampf der verschiedensten Weltanschauungen gerade auf wirtschaftlichem Gebiete. Darf ich ein Wort aus einer auf dem Juristentag viel zitierten Schrift, aus Schiffers „Justiz" anführen: „Auf dem Gebiete des Rechtes sollen keine Experimente gemacht werden". Und es wäre ein höchst gefährliches Experiment, wenn bei dem heutigen Zustande die Juristen sich zu dem Sprung ins Dunkle entschließen würden, weil von irgendeiner Seite irgendwelche Ideen auftauchen. Die Verantwortung ist eine ungeheure. Gewiß ist sie für die Kommission, für den Juristentag eine gemilderte. Wir sind ja nur Gutachter, wir äußern nur unsere Meinung. Es ist ein Irrtum der Presse, den ich bei der Gelegenheit richtig stellen will, wenn sie meint, daß die deutsche Reichsregierung durch die Entsendung von Vertretern in die Kommission sich gleichzeitig deren Ergebnisse zu eigen gemacht hätte. Wir haben, ich weiß nicht mehr in welcher Zeitung, gelesen: „Da hätten wir eigentlich schon den Entwurf des künftigen Reformgesetzes!" Nein, so sehr wir in der Kommission überzeugt sind, daß wir unser bestes getan haben, daß wir gearbeitet haben, um etwas Positives zu schaffen, und so sehr wir den Mitgliedern der verschiedenen Ministerien nur dankbar für ihre Anteilnahme an den Sitzungen sein können: davon, daß die Regierung die Resultate der Kommission aufgreife, daß man auf deren Basis das neue Gesetz schaffen werde, haben wir nichts vernommen. Das konnten wir auch nicht erwarten.

Lassen Sie mich die Einwürfe, die man gegen die Ergebnisse der Kommission macht, Ihnen vor Augen führen. Ich finde zunächst nicht, daß man eine Reformation an Haupt und Gliedern auch nur erwartet oder verlangt hätte und deren Ausbleiben vermißt. Im Gegenteil. Es sind ganz bestimmte Punkte, die zwar die Kommission eingehend behandelt hat, bei welchen sie aber nicht weit genug gegangen ist, die den Gegenstand der Angriffe bilden. Darüber müssen Sie mir auch ein paar Worte gestatten.

Die Kommission hat ihre Hauptaufgabe darin gesehen, das gesamte Aktienrecht durchzugehen.

Wir müssen wieder neues Kapital schaffen. Wir haben unser Volksvermögen verloren. Nur durch Sparsamkeit und Zusammenfassen kann die Wirtschaft wieder gehoben werden. Hier spielt die Aktiengesellschaft eine ganz gewaltige Rolle. Aber niemand, weder in der Kommission noch in der Presse, ist auf den Gedanken gekommen, zu sagen, nun müssen wir aus den Aktiengesellschaften etwas ganz neues machen. Auch der Gedanke Rathenaus, die Aktiengesellschaften zu einem selbständigen, in sich ruhenden Körper zu machen, der sich vom Substrat der Aktionäre völlig loslöst, sollte nicht in die Wirklichkeit übersetzt werden. Der Schwerpunkt des Reformverlangens geht dahin, in der Handelspresse wie bei der Kommission, Mißstände, Übelstände, die aus der Zeit der Inflation stammen, zu beseitigen. Auch die Reformstürmer verlangen nichts anderes als die Rückkehr in die Zustände vor dem Kriege. Ja, rechtlich ist das Gesetz das gleiche geblieben, aber die Wirtschaft hat sich geändert. Die Wirtschaft umgestalten, das rollende Rad wenden, hat bis auf den heutigen Tag noch kein Jurist gewollt und gekannt. Das wollten wir uns auch nicht zutrauen. Wohl aber sehen wir unsere Aufgabe darin, daß wir eine Sichtung vornehmen. Wir wollen Schutzvorrichtungen schaffen, wo sie nötig sind. Wir wollen den Weg freimachen, wo veraltete und nicht mehr zeitmäßige Bestimmungen der Erfüllung der wirtschaftlichen Aufgabe hinderlich sind. Wo sich Übelstände gezeigt haben, müssen wir die geilen Zweige abschneiden. Das glauben wir getan zu haben. Die Frage war nur, wie weit man darin gehen soll.

Ich gehe gleich zum Kernpunkt der ganzen Frage, der Sorge um den kleinen Mann, oder, wenn man das Wort vermeiden will, der Sorge für die Minderheit. Es ist nun ganz eigenartig, daß in einzelnen Teilen der Handelspesse immer wieder der Gedanke auftaucht, als ob nur in der Minderheit die guten und in der Majorität die schlechten Menschen säßen. Das ist wirklich nicht der Fall. Man hat auch geglaubt, daß in der Kommission die Rechtsanwälte, welche gleichzeitig auch die Berater der Aktienmajoritäten, also der Aktienverwaltungen, sind, einen überragenden Einfluß hatten und daß sich dadurch die Schonung jener, die man uns vorwirft, erklären lasse. Es ist ja recht angenehm zu hören, daß man uns einen so bedeutsamen Einfluß zuschreibt. Aber den haben wir in Wirklichkeit nicht gehabt. Und irrig ist die Meinung, als ob gerade die Rechtsanwälte unbewußt als die Berater des Großkapitals in den Aktiengesellschaften auch naturgemäß in der Kommission diesen Gesichtspunkt verwertet hätten. Dabei ist übersehen, daß gerade der Rechtsanwalt nicht nur für die Verwaltung tätig ist. Jeder Rechtsanwalt, der sich mit diesen Fragen beschäftigt, kommt ebensowohl in die Lage, gegen eine Mißhandlung der Minderheit der Aktiengesellschaft einzutreten und ihre Rechte zu vertreten, als die berechtigten Interessen der Mehrheit. Ich glaubte einen Zwischenruf zu vernehmen. (Zuruf: Sehr richtig!) Ich quittiere dankend.

Die Kommission hat selbstverständlich die Frage der Minderheit und ihres Schutzes sehr eingehend behandelt. Wir waren uns auch ganz klar darüber, daß sich hier durch die veränderten wirtschaftlichen Verhältnisse die Situation auch bei derselben rechtlichen Lage verschoben hat. Ich muß aber wieder betonen: vergessen wir nicht, daß wir unser Kapital verloren haben, vergessen wir nicht, daß die Beschaffung des neuen Kapitals eine Zusammenballung des noch vorhandenen mit sich führt, und je größer die Kapitalien werden, die in den einzelnen Unternehmungen vereinigt sind, desto mehr muß naturgemäß der einzelne Aktionär verschwinden. Was besagt es heute, daß bei einer Gesellschaft von einer Milliarde oder einer halben Milliarde jemand 100000 Aktien hat? Das war früher ein stattlicher Besitz, jetzt ist es ein non valeur im Verhältnis zur Gesamtheit. Dadurch bildet sich dann auch wiederum eine Unabhängigkeit der Verwaltung von dem einzelnen Aktionär heraus; dadurch entsteht in diesen Riesenunternehmungen von selbst der Gedanke: wir arbeiten für das Unternehmen, die Herren Aktionäre sollen froh sein, wenn sie eine gute Dividende bekommen; mitzureden haben sie nichts. Diese Einstellung färbt aber auch ab auf die kleineren Unternehmungen. Eine gewisse Autokratie macht sich geltend. Die Gefahr liegt dann nicht nur darin, daß in der Generalversammlung ein sogenannter Kleinaktionär etwas von oben herunter behandelt wird. Manchmal sind ja diese Art Aktionäre nicht gerade die angenehmsten Besucher der Generalversammlung. Ihre Ziele sind nicht immer ideale gewesen. Wer in der Praxis steht, weiß, daß sehr häufig rein reale Momente maßgebend gewesen sind. Aber lassen wir das beiseite! Ich gebe zu, es gibt auch Fälle, bei denen man eben zu wenig Courtoisie übt. Aus diesem Zu-wenig-Courtoisie-Üben kann unter Umständen auch die Versuchung entstehen, daß die Verwaltung die Macht, die ihr verliehen wurde, mißbraucht. Hier gilt es einzugreifen. Nun, das haben wir versucht. Man sagt, wir seien nicht weit genug gegangen; aber ich bitte, immer zu bedenken, daß alle Maßnahmen zwei Seiten haben und daß man unter Umständen mit einer solchen Schutzvorschrift zu viel anordnen kann. Ich will und kann bei der kurzen Zeit, die mir zur Verfügung steht, nur ganz wenig sagen. Wie ist das Bezugsrecht auf neue Aktien dem Aktionär zu schützen? Wer uns die Ehre gibt, den Bericht zu lesen, wird sehen, daß eine Reihe von Vorschlägen gemacht worden sind. Sie erschienen alle für die Praxis nicht als tauglich. Es blieb nur ein kleiner Rest übrig. Der Ausschluß des Bezugsrechts muß auf der Tagesordnung angekündigt werden. Wir sind uns dessen bewußt, daß das nur sehr wenig ist. Der Hauptschutz liegt auf einem ganz anderen Gebiet. Er steckt in der sogenannten Generalklausel. Wollen Sie sich einstweilen dieses Wort merken. Ich komme nach darauf zurück. Wir wollten eine allgemein geltende Vorschrift gegen den Mißbrauch des Stimmrechts zu gesellschaftsfremden Sondervorteilen schaffen. Sie hätte auch bei dem Ausschlusse des Bezugsrechts in den entsprechenden Fällen einzugreifen.

Ich springe über zu den Aktien mit Mehrstimmrecht. Hier muß ich etwas weiter ausholen. Das Aktienrecht gestattet, Aktien zu schaffen, die mehr als eine Stimme haben. Diese müssen besonders gekennzeichnet sein. Diese Mehrstimmaktien führten bis Ende des Krieges ein bescheidenes Dasein in Gesetz und Lehrbüchern. Sie kamen hier und da in der Praxis vor. Besonders bemerkbar machten sie sich aber nicht. Nun kam der Zusammenbruch. Mit der Entwertung der deutschen Mark strömte ausländisches Kapital ein und bemächtigte sich unserer besten Unternehmungen. Die große Gefahr der Überfremdung trat zutage. Das dürfen wir nicht vergessen. Da kam man auf den Gedanken — wer diesen großen Gedanken gehabt hat, weiß man nicht; es ist gewöhnlich so, daß die Erfinder der besten Ideen nicht bekannt werden —, daß man nur Mehrstimmaktien zu schaffen brauche, um, wenn die Mehrheit der Stammaktien in fremde Hände käme, die Eindringlinge von der Verwaltung fernzuhalten. Das war sehr schön! Nun zeigte sich aber wieder, daß die besten Ideen auch ihre Schattenseiten haben und daß alles, was gut gebraucht werden, auch mißbraucht werden kann. Man fand, nachdem der Anprall der Fremden etwas zurückflutete, namentlich nach der Stabilisierung, daß man diese Mehrstimmaktien auch gegen die sogenannte innere Überfremdung — eigentlich ein Widerspruch in sich — gebrauchen könnte. Man bediente sich dieser Mehrstimmaktien, um Kapital, das durch den Aufkauf freier Aktien in eine Gesellschaft eindringen wollte, von dem Einfluß auf die Verwaltung zurückzuweisen. Es kam zu dem — wie man es von seiten der Angreifer dieser Institution genannt hat — Fideikommißsystem. Das heißt, die Mitglieder der Verwaltung schufen sich durch Mehrstimmaktien eine Leibgarde, die eine Sicherung gegen das Eindringen fremder Interessen verleihen sollte. Das hat seine zwei Seiten. Einmal waren häufig diese Eindringlinge von dem Bestreben, ihre Sonderinteressen zu fördern, geleitet. Der Aktiengesellschaft drohte der Verlust ihrer Selbständigkeit. Ein Stillegen ihres Betriebes im Interesse des Konzerns, in den sie eingeführt wurde, mußte dem Unternehmer als solchem schädlich sein. Andererseits erschien es aber ungerecht, daß eine Gruppe von Aktionären, deren Kapital nicht mehr in der Gesellschaft arbeitete, kraft dieser rein formalen Aktien, sich doch eine Disposition über das Unternehmen und ihre Stellung in der Verwaltung vorbehielt. Und darum dreht sich der ganze Kampf.

Nun wurde von der radikalen Seite das Verlangen gestellt: schlagt doch die Bestie tot. Schafft einfach die Mehrstimmenaktien ab, hebt sie auf, verbietet sie für die Zukunft usw. Es wird uns zum Vorwurf gemacht: hier sollen wir das Hauptübel nicht beseitigt haben.

Das ist ja sehr leicht gesagt. Der Beschluß wäre sehr einfach gewesen. Wir mußten überlegen, ob nicht dieses radikale Vorgehen doch auch wieder seine Schattenseiten hat. Fremde Interessen in der Gesellschaft herrschend zu machen, wird man nach wie vor vermeiden müssen. Auch davon abgesehen, gibt es noch besondere Fälle, die ein Mehrstimmrecht erforderlich machen. Man denke an Familiengesellschaften und deren Sonderheit.

Deswegen suchten wir einen Ausweg. Wir verbieten das Mehrstimmrecht nicht. Wir schaffen es nicht vollständig für die Zukunft ab. Aber wir geben jeder Gesellschaft die Möglichkeit, nach Ablauf von 5 Jahren alle Mehrstimmaktien nur mittels der Stimmen der

Stammaktien abzuschaffen. Ob dieser Weg wirklich der einzig gangbare war — wer will das endgültig entscheiden? Wir glaubten, hier den richtigen Mittelweg gefunden zu haben. Dabei spielt eine Neuschöpfung der Kommission, deren ich schon gedachte, eine wesentliche Rolle. Ich meine die Bestimmung, daß überall da, wo unter Verletzung der offenbaren Interessen der Gesellschaft gesellschaftsfremde Sondervorteile verfolgt werden, das Stimmrecht versagt wird. Der Aktionär soll nicht für solche Zwecke sein Stimmrecht egoistisch ausüben. Er soll altruistisch für die Gesellschaft sorgen. Sonst ist sein Stimmrecht unzulässig. Dieses Recht schafft insofern kein Novum, als man bisher versucht hat, mit dem Mädchen für Alles, dem Verstoß gegen die guten Sitten, sich zu helfen. Es braucht aber kein Verstoß gegen die guten Sitten vorzuliegen. Es genügt, daß man das Stimmrecht nur für die Interessen der Aktiengesellschaft selbst gibt.

Daraus folgt, daß in allen Fällen, wo ein Mehrstimmrecht zur Ausschaltung der wirklichen Mehrheit der Kapitalisten, wie zur unbegründeten Ausschließung eines Bezugsrechts wie überall sonst aus egoistischen Gründen zum Nachteil der Aktionäre benutzt wird, daß überall da Kassation des Beschlusses der Generalversammlung möglich ist. Ich gebe zu, das verlangt eine Aktivität der Minorität. Aber der Aktionär kann doch nicht verlangen, daß hier der Staat fürsorgend für ihn eintritt. Wer in solchen Fällen sein Kapital, groß oder klein, in einer Aktiengesellschaft hat, von dem muß man verlangen, daß er selbst etwas tut. „Was bringt zu Ehren? Sich wehren." Das mußte in diesem Fall gelten.

Dieser Gedanke ist, glaube ich, ein Pfeiler für das neue Recht. Erinnern Sie sich, wie das deutsche bürgerliche Recht geschaffen wurde, welche Bedeutung die Bestimmung des Verstoßes gegen Treu und Glauben auf einmal bekam. Durch den Vorschlag der Kommission wird nun der Gedanke von Treu und Glauben in das Aktienrecht eingeführt. Dadurch glaubt sie das Wichtigste bewirkt zu haben, was ihr oblag, die Sorge für Gerechtigkeit.

Noch eine kleine Bemerkung. Sie finden in dem Bericht nichts über die Rechtsangleichung. Nicht, als ob wir nicht auch daran gedacht hätten. Wir hatten die Ehre und die große Freude, in Herrn Oberlandesgerichtspräsidenten **Durig** einen hervorragenden österreichischen Juristen in unserer Mitte zu haben. Ich möchte ihm noch einmal von dieser Stelle aus danken. Es war keine Kleinigkeit, abgesehen von der Reiseanstrengung, der Sitzung beizuwohnen, in der es sich um fremdes Recht handelte. Er gab uns durch Berücksichtigung des österreichischen Rechtes die Möglichkeit der Vergleichung. Er gab uns auch, obwohl dies nicht im Berichte zu finden ist, die Grundlagen für die kommende Rechtsangleichung. Diese Rechtsangleichung auf dem Gebiete des Aktienrechts, auch sie wird kommen!

Vorsitzender Handelsgerichtspräsident Dr. Engel (Wien):

Ein Beschluß hat sich an den Bericht des Herrn Dr. Hachenburg nicht anzuschließen; wir haben ihn bloß entgegenzunehmen mit selbstverständlichem herzlichen Dank an den Herrn Berichterstatter, der hier, wie immer, seine hohe Kunst klarer, zusammenfassender Darstellung bewiesen hat. Mit besonderer Freude haben wir seinem Berichte entnommen, daß die zur Beratung der Frage der Aktienrechtsreform eingesetzte Kommission die Forderungen der Rechtsangleichung nicht aus dem Auge gelassen hat. Das erfüllt uns mit hoher Befriedigung, und wir nehmen gern den Anlaß wahr, den Herren Kommissionsmitgliedern unsern besten Dank für ihre ersprießliche und erfolgreiche Tätigkeit zu sagen.

Wir gehen zum nächsten Punkte über, das ist zu den Vorträgen über die Verhandlungen und Beschlüsse der einzelnen Abteilungen. Wir beginnen mit der bürgerlich-rechtlichen Abteilung, und zwar ist der erste Verhandlungsgegenstand:

Empfiehlt sich eine grundsätzliche Änderung in der Behandlung von Ehestreitsachen nach Zuständigkeit und Verfahren?

Rechtsanwalt Dr. Hans Fritz Abraham (Berlin):

Die Beratungen dieser Abteilung waren vorbereitet durch das Gutachten des Herrn Professors Lehmann, das in Ihren Händen ist. Dieses Gutachten enthält, abgesehen von der Stellungnahme zu den grundsätzlichen Problemen, eine Fülle wertvoller Einzelvorschläge und wird auch insofern seine dauernde Bedeutung behalten. Herauf näher einzugehen, ist heute nicht möglich.

Aus dem Inhalt dieses Gutachtens hoben sich von vornherein drei grundsätzliche Fragen heraus, die die Abteilung zu behandeln hatte, und zwar:

Erstens die Frage, ob es sich empfehle, das Ehestreitverfahren der freiwilligen Gerichtsbarkeit zu überweisen, ein Vorschlag, den bekanntlich Exzellenz Schiffer gemacht hat und der außerdem auch in den Kreisen des Reichsgerichts propagiert wird. Der zweite Vorschlag betrifft die Einrichtung der sogenannten Eheschöffengerichte, das heißt die Zuziehung von Laienrichtern im Ehescheidungsverfahren erster Instanz. Der dritte Punkt ist die Entlastung des deutschen Reichsgerichts.

Alle drei Fragen sind im wesentlichen wohl reichsdeutsche Probleme; das Eheschöffengericht ist naturgemäß auch ein österreichisches Problem.

Zur Vorbereitung der Tagung fanden gemeinsame Besprechungen der Berichterstatter statt. Es ergaben sich von vornherein zum ersten Punkte grundsätzliche Meinungsverschiedenheiten. Exzellenz Schiffer forderte die Überweisung der Ehesachen an die freiwillige Gerichtsbarkeit; er hält das Prozeßverfahren für ungeeignet und zieht das Verfahren der freiwilligen Gerichtsbarkeit vor. Ich vertrat den Standpunkt, daß angesichts der sozialen und individuellen Bedeutung des Ehescheidungsprozesses grundsätzlich der Ehescheidungsprozeß keiner derjenigen Rechtsgarantien entbehren dürfe, die dem ordentlichen Zivilprozeß eigen sind. Eine Einigung über diese grundsätzliche Differenz war nicht möglich.

Dagegen konnten wir uns, ungeachtet dieser Meinungsverschiedenheit, auf eine Reihe praktischer Thesen einigen, die wir vorlegten. Die Beratung in der Abteilung ergab eine teilweise Zustimmung zu unseren Thesen; zum Teil wurden aus der Abteilung heraus noch positive Anträge gestellt, die Annahme fanden. Das Ergebnis der Diskussion ist das folgende:

Zunächst hatten beide Berichterstatter der Abteilung eine Erklärung des Inhalts unterbreitet, daß die Frage, ob sich eine grundsätzliche Änderung in der Behandlung von Ehestreitsachen nach Zuständigkeit und Verfahren empfehle, abschließend erst beantwortet werden könne, wenn über die Zukunft des materiellen Eherechts und die Umgestaltung des gesamten Justizwesens Klarheit bestehe. Dem stimmte die Abteilung zu. Einer der österreichischen Redner wünschte sogar, daß die Erörterung und Beschlußfassung über Einzelfragen des Prozesses überhaupt ausge etzt werden solle, bis die materielle Regelung erfolgt sei. Dieser Antrag wurde abgelehnt. Von der Reichstagsabgeordneten Frl. Dr. Lüders wurde der Wunsch ausgesprochen, daß eine Resolution im Sinne einer Unterstützung der Reformbestrebungen auf dem Gebiete des materiellen Eherechts angenommen werde. Auch diesem Verlangen konnte nicht stattgegeben werden, da wir uns auf das prozessuale Gebiet zu beschränken hatten. Dagegen stehe ich nicht an, zu erklären, daß aus der ganzen Debatte deutlich erkennbar war, wie sehr die Erledigung des prozessualen Problems durch die Rechtsunsicherheit auf dem Gebiete des materiellen Rechts gelähmt wird. Wie man auch über die Gestaltung des materiellen Rechts denken mag: daß eine alsbaldige Klärung desselben auch im Interesse der prozessualen Erledigung liegt, war die Überzeugung aller Beteiligten.

Die zweite grundsätzliche Frage, der Vorschlag der Überweisung der Ehestreitigkeiten an das Verfahren der freiwilligen Gerichtsbarkeit, fand von vornherein in der Abteilung einmütige Ablehnung. Im Interesse der Feststellung des Tatbestandes möchte ich aber darauf hinweisen, daß auch Exzellenz Schiffer als Befürworter dieser These keineswegs der Meinung ist, daß man heute schon eine solche Reform vornehmen könne. Auch er glaubt, sie erst in Angriff nehmen zu können, wenn die Prozeßreform im ganzen durchgeführt wird. Er wünscht auch keineswegs, das Ehestreitverfahren zu bagatellisieren; sondern er will auch das Verfahren der freiwilligen Gerichtsbarkeit mit Rechtsgarantien ausgestattet wissen. Trotz dieser Milderung seines Standpunktes blieb aber ein unüberbrückbarer Gegensatz bestehen; denn meines Erachtens darf, wie bereits betont, der Eheprozeß keiner derjenigen Rechtsgarantien entbehren, die wir sonst im ordentlichen Prozeß kennen. Insbesondere muß es bei der mündlichen Verhandlung vor dem erkennenden Richter, bei der Möglichkeit der kollegialen Entscheidung, bei der Berufung an das Oberlandesgericht und besonders auch beim Anwaltszwang bleiben.

Gerade was den Anwaltszwang anbelangt, so wurde hierüber eine lebhafte Diskussion geführt. Herr Prof. Lehmann, der Gutachter der Kommission, nahm Anlaß, darauf hinzuweisen, daß gewisse Bemerkungen seines Gutachtens keineswegs so verstanden werden dürfen, als ob er im Rahmen des heutigen Eheprozesses den Anwaltszwang beseitigen wolle. In diesem Punkte trat außerdem ein interessantes Problem der Rechtsvergleichung in die Erscheinung. Sie wissen, daß man in Österreich in erster Instanz den

Anwaltszwang in Ehescheidungsverfahren nicht kennt. Gleichwohl verbietet sich insofern jede für das reichsdeutsche Gebiet hieraus zu ziehende Folgerung. Es wurde dargelegt, daß in Österreich die Zahl der streitigen Eheprozesse unter den Prozessen erster Instanz eine geringe Rolle spielt, während in Deutschland ein Drittel aller kontradiktorischen Landgerichtsprozesse erster Instanz Ehestreitigkeiten sind. Ein Einbruch in den Anwaltszwang wäre somit in Deutschland unmöglich. Er würde in Deutschland ein Winkelkonsulententum schlimmster Sorte ins Leben rufen. Diese Gefahr besteht in Österreich und in der Tschechoslowakei nicht, weil dort die Möglichkeit berufsmäßiger Vertretung fremder Interessen vor Gericht auf das engste eingeschränkt ist und die Anwälte dort vom Winkelkonsulententum nicht so bedroht sind wie wir im deutschen Reich.

Außerdem durfte ich Exzellenz Schiffer darauf hinweisen, daß sein Einzelvorschlag in Widerspruch zu seiner Gesamteinstellung stehe; denn wenn wir den Richter in der freiwilligen Gerichtsbarkeit mit der Herbeischaffung des Tatbestandes belasten, so wird die Arbeit der Richter so vermehrt, daß dadurch das Ziel, das Exzellenz Schiffer im Auge hat, nämlich die Zahl der Richter zu vermindern, durchkreuzt würde. Übrigens betrachtet Schiffer selbst seinen Vorschlag keineswegs als maßgebenden Teil seines Reformprogramms.

Das zweite Problem ist das der Ehe-Schöffengerichte. Diese Frage hatte vor der Tagung keine so große Rolle gespielt. Erst kurz vor dem Juristentag rückte sie in den Vordergrund des Interesses, vor allem durch einen Aufsatz von Prof. Specht in der „Deutschen Juristenzeitung" und einen Aufsatz des Herrn Geheimrats Volkmar in der Deutschen Allgemeinen Zeitung. Dieses Problem wurde mit starker Mehrheit in dem Sinne entschieden, daß man die Zuziehung von Eheschöffen ablehnte. Man ging davon aus, daß die Zuziehung von Laien unter Umständen hier gerade eine Gefahr bedeuten würde; bei kleinen Verhältnissen würde es nicht möglich sein, die geeigneten Laien zu finden, und in großen Verhältnissen wäre unter Umständen das Eindringen der Politik zu befürchten. Auch die große Zahl der Ehescheidungsstreitigkeiten stände der Auswahl geeigneter Laienrichter hindernd entgegen.

Auf die sonst im Rahmen dieser Debatte gelten gemachten Gesichtspunkte möchte ich hier, um mich kurz zu fassen, nicht eingehen.

Aber es trat sowohl bei dem Problem der Verweisung der Ehesachen an die freiwillige Gerichtsbarkeit als auch bei der Frage der Eheschöffengerichte ganz deutlich ein interessanter Zusammenhang in die Erscheinung, der hinsichtlich der Eheschöffengerichte zwar in der mündlichen Diskussion nicht ausgesprochen wurde, aus dem Schrifttum aber erkennbar war, nämlich der Zusammenhang beider Probleme mit dem der Entlastung des Reichsgerichts. Wenn wir die Ehesachen in das Verfahren der freiwilligen Gerichtsbarkeit verweisen, an die Amtsgerichte in erster Instanz, an das Oberlandesgericht in letzter Instanz, so ist das Reichsgericht automatisch entlastet. Wenn wir weiterhin zu einer Hinzuziehung der Eheschöffen in erster Instanz kämen, so bestände die große Gefahr, daß man argumentierte: „Wir haben nun Volksrichter in erster Instanz, da könnten wir vielleicht das Reichsgericht in letzter Instanz entbehren". Die Gefahr einer Verkoppelung der einen populären Forderung mit der gleichzeitigen Durchsetzung einer unpopulären Maßnahme ist vielleicht nicht so entfernt.

Gegen diese Gefahr haben sich beide Berichterstatter gemeinsam gewendet. Wir haben der Entlastung des Reichsgerichts zwar das Wort geredet, aber nur in dem Sinne, daß wir danach strebten, das Verfahren der Tatsacheninstanz mit möglichst großen Rechtsgarantien zu umkleiden, um dann vielleicht die Revision einschränken zu können

Zur Frage der Entlastung des Reichsgerichts wurden verschiedene Vorschläge gemacht. Herr Prof. Lehmann hatte empfohlen, es der Entscheidung des Reichsgerichts im Wege des Beschlußverfahrens zu überlassen, ob es die Revision für zulässig erklären wolle oder nicht. Das hätte aber keinesfalls zur Entlastung des Reichsgerichts geführt. Wir hatten vorgeschlagen, dem judex a quo, dem Oberlandesgerichte, die Entscheidung über die Zulässigkeit der Revision zu übertragen, wenn das Oberlandesgericht wieder mit fünf Richtern besetzt würde und wenn für die Verneinung der Zulässigkeit eine qualifizierte Mehrheit von vier Stimmen vorhanden wäre. Wir glaubten, gerade damit, im Gegensatz zu der früheren Regelung im Wege der Notverordnung, den Richtern der deutschen Obergerichte einen Vertrauensbeweis zu geben, einen Vertrauensbeweis, den wir für möglich hielten, angesichts der Tatsache, daß im Verfahren vor dem Arbeitsgericht dieses Prinzip besteht und sich durchaus bewährt hat. Die Rechtsmittel werden dort in weitem Umfange nach wie vor zugelassen.

Indessen wurden alle diese Vorschläge abgelehnt, allerdings, wie ich betonen muß, unter einem für das Reichsgericht ehrenvollen Gesichtspunkte; denn immer wieder trat in die Erscheinung, daß man für die Fortentwicklung des Rechtes auf dem Gebiete der Ehesachen die Mitwirkung des Reichsgerichts nicht entbehren wolle. Diese Frage hat sich also offenbar noch nicht als reif erwiesen. Ich möchte indes glauben, daß die anderen Vorschläge meines verehrten Herrn Mitberichterstatters, Exzellenz Schiffer, hier vielleicht weiterführen werden. Schiffer hat, was auch schon von anderer Seite geschehen ist, befürwortet, daß das Reichsgericht unmittelbar von der Reichsregierung oder auch von den Gerichten in einzelnen wichtigen Streitfragen angerufen werden könne. Wenn sich dieser Vorschlag durchsetzt, wenn wir die unmittelbare Anrufung des Reichsgerichts kennen, dann dürften wir vielleicht daran denken, die Revision im Einzelfalle zu beschränken und auf diese Weise die Ehesachen schneller zu erledigen, als es jetzt geschieht, wo in der Tat die Beibehaltung der Revisionsinstanz eine ungeheure Verlängerung des Verfahrens bedeutet.

Das sind die großen Gesichtspunkte, die erörtert wurden. Im einzelnen wurden eine Reihe von Vorschlägen angenommen. Die Mitwirkung der Staatsanwaltschaft und das amtsgerichtliche Sühneverfahren sollen wegfallen; die Stellung des Einzelrichters soll in gewissem Umfange verstärkt werden, allerdings nicht soweit, wie die Referenten es wünschten. Ein sehr wichtiger Punkt, der einstimmig angenommen wurde, betrifft die Unmittelbarkeit der Beweisaufnahme, die zu fordern die Parteien das Recht haben sollen, wenn kein Mißbrauch vorliegt, und zwar ist sie in erster Instanz vor dem Einzelrichter, in zweiter Instanz auch vor dem Kollegium anzuordnen.

Dazu kommen noch einige Resolutionen. Der Verbitterung der Rechtsstreitigkeiten soll vorgebeugt werden; insbesondere soll in Ehesachen der Vergleich in viel weiterem Umfange, als ihn das Reichsgericht bisher zugelassen hat, für gültig erachtet werden. Die bloße Tatsache, daß ein Vergleich die Scheidung erleichtert, soll nicht genügen, um ihm den Stempel der Unsittlichkeit aufzudrücken. In Österreich ist es schon nach dem Gesetz selbstverständliche Pflicht der an der Rechtspflege beteiligten Organe, möglichst auf eine vergleichsweise Erledigung der Ehesachen, auch im Falle der Ehetrennung, hinzuarbeiten.

Zum Schluß will ich nur noch eines Punktes gedenken, der in den Debatten an und für sich gar keine große Rolle gespielt hat. Aber gerade die Tatsache, daß dieser Punkt debattelos und einmütig angenommen wurde, halte ich für überaus bedeutungsvoll. Wir Berichterstatter hatten in unseren Thesen ausdrücklich vorgeschlagen, daß der Eideszwang in Ehesachen, wo er sich oft als ganz besonders verhängnisvoll erweist, wegfallen solle. Wir hatten vorgeschlagen, daß die Beeidigung von Zeugen und Sachverständigen im freien Ermessen des Gerichts stehen, daß auch der Parteieid fortfallen solle; wir hatten lediglich dem Gericht die Möglichkeit geben wollen, über bestimmte Fragen die Parteien eidlich zu vernehmen.

Letzterer Punkt wurde glatt gestrichen, dagegen der andere einmütig und widerspruchslos angenommen. So trat denn auch auf diesem Gebiete ganz symptomatisch ein klares, absolut eindeutiges Bekenntnis gegen den übertriebenen Eideszwang hervor, den wir noch immer in unserm Prozeßverfahren haben. Ich glaube, daß diese These, die einmütig und einstimmig angenommen wurde, in ihrer symptomatischen Bedeutung vielleicht noch eine größere Bedeutung über den Rahmen der bloßen Spezialdebatte hinaus haben wird.

Ich habe noch einen Punkt zu erwähnen vergessen, dessen Hervorhebung mir als Pflicht der Loyalität erscheint. Die Abteilung hat einen Beschluß angenommen, wonach die Oberlandesgerichte mit fünf Richtern besetzt werden sollen. Das war allerdings eine Zufallsabstimmung. Sie war gedacht als Teil der Vorschläge, betreffend die Einschränkung der Revision. Dieser einzelne Punkt ist stehen geblieben, obgleich die Entlastung des Reichsgerichts abgelehnt wurde. Ich halte es für meine Pflicht, diesen Zusammenhang aufzuklären.

Wenn auch die Beratungen unserer Abteilung nicht in allen Punkten zu einer abschließenden Klärung geführt haben, möchte ich doch hoffen, daß die Tagung des Deutschen Juristentages insoweit nicht ganz fruchtlos gewesen ist.

Vorsitzender Handelsgerichtspräsident Dr. Engel: Ich behalte mir vor, den Dank der Versammlung an die Herren Berichterstatter erst nach der Erstattung aller Berichte auszusprechen.

Wir kommen zum zweiten Gegenstand der bürgerlich-rechtlichen Abteilung:

Empfiehlt sich eine zusammenfassende Neuregelung der Haftpflichtgrundsätze für Eisenbahnen, Straßenbahnen, Kraftfahrzeuge und Luftfahrzeuge?

Rechtsanwalt Dr. Martin Isaac (Berlin):

Auf dem Gebiete der Haftpflicht für Eisenbahnen, Straßenbahnen, Kraftfahrzeuge und Luftfahrzeuge herrscht eine große Verschiedenheit sowohl innerhalb Deutschlands als auch zwischen Deutschland und Österreich. Die Eisenbahnen haften in Österreich, haben aber den Einwand, daß ein Unfall auf unabwendbares Ereignis zurückzuführen sei. Nach deutschem Recht haben die Eisenbahnen den Einwand, daß der Unfall durch höhere Gewalt entstanden sei. Für die Straßenbahnen gilt in beiden Ländern das gleiche. Die Kraftfahrzeuge haften in beiden Ländern milder. Nur teilweise gilt für Kraftfahrzeuge die sogenannte reine Erfolgshaftung; im wesentlichen gilt für sie noch das Verschuldensprinzip, wenn auch mit einer Umkehrung der Beweislast und mit einer Erschwerung der Beweisführung. Luftfahrzeuge haften in Österreich ebenso wie Automobile; in Deutschland haften sie bedeutend schärfer. Weitere Verschiedenheiten bestehen bezüglich der Haftung für Sachschäden, die teilweise eingeschränkt ist. Die Straßenbahnen haften in Deutschland reichsrechtlich nicht für Sachschäden, und landesrechtlich bestehen erhebliche Verschiedenheiten. Verschiedenheiten bestehen ferner insofern, als die beförderten Personen nicht überall geschützt sind. Sie sind bei Luftfahrzeugen nach deutschem Recht geschützt, aber nicht bei den Kraftfahrzeugen.

Verschiedenheit besteht ferner insofern, als Höchstsummen der Haftung in Österreich unbekannt sind, in Deutschland dagegen für Automobile und Luftfahrzeuge bestehen; ob für Eisenbahnen und Straßenbahnen, ist bestritten.

Diese Divergenzen einerseits und das enorme Anwachsen der Verkehrsunfälle mit der zunehmenden Verkehrsdichtigkeit andererseits haben die deutsche Reichsregierung zu einer Enquete veranlaßt und die Deputation dazu bewogen, dem Juristentag die Frage vorzulegen, ob sich eine zusammenfassende Neuregelung der Haftpflichtgrundsätze für diese vier Verkehrsmittelarten empfiehlt.

Beide Gutachter haben sich für eine Vereinheitlichung der Haftpflichtgrundsätze ausgesprochen. Sie wollen eine Erfolgshaftung haben, die aber eingeschränkt werden soll durch den Einwand des unabwendbaren äußeren Zufalles. Das ist wenigstens der Gedanke des einen Herrn Gutachters. Der andere Herr Gutachter wünscht auch eine Vereinheitlichung, aber gleichzeitig eine Milderung der Haftung. Er wünscht die heutige deutsche Automobilhaftung zugrunde zu legen, also unter Umständen den Halter nur für Verschulden haften zu lassen. Beide Berichterstatter haben sich gegen diese Vorschläge der Gutachter ausgesprochen. Bezüglich der Luftfahrt sind beide Berichterstatter davon ausgegangen, daß dieses Gebiet noch viel zu neu und unerprobt ist, als daß man jetzt schon gesetzgeberische Experimente damit anfangen sollte. Vor allem war aber der Gedanke maßgebend, daß gerade die Luftfahrt wie kein anderes Gebiet auf internationale Regelung angewiesen ist und daß es, da diese internationale Regelung jetzt im Gange ist, zweckmäßig erscheint, die Ergebnisse der internationalen Regelung abzuwarten. Bezüglich Eisenbahn und Straßenbahn stehen beide Berichterstatter auf dem Standpunkt, daß die Einführung der Automobilhaftung für diese Verkehrsmittel, also insbesondere die Einführung eines Rechtssatzes, der die Möglichkeit gibt, daß Eisenbahn und Straßenbahn sich exkulpieren können, wenn ein Verschulden irgendeines Dritten die Hand im Spiele gehabt hat, eine ungeheure Verschlechterung der seit vielen Jahrzehnten in beiden Ländern bestehenden Rechtslage bedeuten würde, und daß sich unmöglich ein Parlament fände, das dieser Verschlechterung zustimmen würde. Es kam noch weiter der Gedanke hinzu, daß, wenn man die Einrede des unabwendbaren Ereignisses einführen würde, sie ganz andere Ergebnisse bei den Straßenbahnen und Eisenbahnen haben würde als bei den Automobilen und sogar zu dem Ergebnis führen würde, daß die Straßenbahnen weit weniger haften würden als heute die Kraftfahrzeuge — ein unannehmbares Ergebnis.

In der Versammlung selbst waren die Ansichten geteilt. Um das Ergebnis gleich vorweg zu nehmen: es wurde beschlossen, wenn auch mit keiner sehr erheblichen Mehrheit:

1. Die Schaffung eines die Haftpflicht für alle Verkehrsmittel einheitlich und abschließend regelnden Gesetzes erscheint nicht angezeigt;

2. die gesetzliche Regelung der Haftpflicht für Luftfahrzeuge in Deutschland und Österreich ist noch zu wenig praktisch erprobt, als daß grundsätzliche Änderungen dieser Gesetze nur zu dem Zwecke der Vereinheitlichung empfohlen werden könnten; insbesondere empfiehlt sich, die internationale Regelung abzuwarten. Soweit diese beiden Punkte.

Kleine Einzelfragen, die aber natürlich auch bedeutungsvoll sind: die Höchstgrenze wünschte der eine Herr Gutachter ganz generell für sämtliche Fahrzeuge eingeführt, der andere Herr Gutachter nur für Kleinunternehmer und für Privatfahrzeuge. Von den Berichterstattern war der eine für Höchstgrenze bei Straßenbahnen, der andere nur bei Einzelkraftfahrzeugen.

Eine Beschlußfassung ist nicht erfolgt

Was den Umfang der Haftung betrifft — bekanntlich wird jetzt nur gehaftet für Heilungskosten, Beerdigungskosten, Erwerbsausfall u. dgl. —, so hatte der eine Herr Gutachter gewünscht, daß auch gehaftet werde für entgangenen Gewinn. Beide Berichterstatter wünschen eine Ausdehnung auch für entgangene Dienste, d. h. wenn eine Ehefrau oder Kinder verunglücken, soll der Ehemann bzw. der Vater für das entschädigt werden, was ihm im Hauswesen oder im Geschäft an Diensten entgeht. Eine sehr soziale Bestimmung, da es sich hierbei hauptsächlich um die Interessen kleiner und wenig bemittelter Leute handelt. Die Versammlung war offenbar, obwohl es zu einer Abstimmung nicht kam, der gleichen Auffassung. Dagegen schien in der Versammlung wenig Neigung zu bestehen, auch das Schmerzensgeld, selbst limitiert, in die Haftpflichtgesetze einzuführen.

Der eine Herr Gutachter wünschte ferner, daß die Haftpflicht nicht durch Vereinbarungen zwischen dem Haftpflichtigen und dem Beförderten abgedungen werden könne. Der eine Berichterstatter wünschte diesen Gesichtspunkt, der bisher nur bei Eisenbahnen in Deutschland besteht, auszudehnen auf gewerbsmäßige Beförderung durch Automobile; der andere wünschte sie noch in weiterem Umfange auszudehnen. In der Versammlung hat sich hierüber ein bestimmte Stellungnahme nicht ergeben.

Eine wichtige Frage war, ob man neben den Haftpflichtgesetzen auch das allgemeine bürgerliche Recht bestehen lassen sollte. Der eine Gutachter wünschte, daß die Deliktsbestimmungen des Bürgerlichen Gesetzbuchs neben den Haftpflichtgesetzen gelten sollen, nicht aber die vertraglichen Bestimmungen, also die Bestimmungen über die Beförderung. Der eine Berichterstatter wünschte, daß das bürgerliche Recht neben den Haftpflichtgesetzen fortbestehen sollte; der andere war im Gegenteil der Ansicht, daß die Haftpflichtgesetze diese Materie erschöpfend regeln sollen.

Dieser Berichterstatter wünschte, daß eine normale Haftpflicht zugrunde gelegt würde, die die meisten Fälle im täglichen Leben berücksichtigt, und daß darüber hinaus ein höherer Schadenersatz nur zugebilligt werden sollte, wenn Vorsatz oder grobe Fahrlässigkeit vorliegt. Auch sollte ganz generell in allen Haftpflichtgesetzen der Grundsatz gelten, daß man für Leute und Angestellte haftet, daß also die Bestimmung des § 831 BGB. verschwinden sollte. Die Stimmung in der Versammlung war auch über diesen Punkt nicht einheitlich. Ein Hauptstreitpunkt war die Frage: Kraftfahrzeuge für den Massenverkehr, also im wesentlichen die Autobusse. Nach dem einen Gutachter und dem einen Berichterstatter sollten diese Omnibusse so haften wie gewöhnliche Autos; nach dem anderen Gutachter und dem anderen Berichterstatter sollten hier wirtschaftspolitische Gesichtspunkte mehr in den Vordergrund treten, d. h. diese beiden gingen davon aus, daß solche Institute, die dem Massenverkehr dienen, wirtschaftlich eine solche Macht darstellen, daß sie in der Lage sind, entweder durch Einwirkung auf die Versicherer oder durch Schaffung einer Haftpflichtgemeinschaft eine schwerere Haftung zu tragen. Die Stimmung der Versammlung war — soweit sie zu erkennen war — mehr konservativ, d. h. es schien so, als ob die Mehrheit es bei dem bisherigen Zustand belassen wolle, also die Autobusse nicht so schwer haften lassen wolle wie die Straßenbahnen. Eine Beschlußfassung ist nicht erfolgt. Überhaupt stellte sich heraus, daß gerade über die grundsätzlichen Fragen eine so weitgehende Divergenz in den Ansichten bestand, daß die Versammlung schließlich zu dem Beschluß gekommen ist, überhaupt nichts zu beschließen, d. h. von einer Abstimmung über fast sämtliche, recht umfangreiche Leitsätze einfach abzusehen. Abgestimmt und beschlossen wurde überhaupt nur über die beiden Punkte, die ich bereits vorgetragen habe, d. h. erstens über das Negative, daß es nicht angezeigt erscheine, die Haftpflicht für die vier Verkehrsmittel einheitlich zu regeln, und zweitens, bei der Luftfahrt vorläufig alles beim alten zu belassen.

Weitere Beschlüsse wurden nicht gefaßt. Manche, die an dieser Versammlung teilnahmen, empfanden dieses Ergebnis als nicht sehr erhebend. Ich muß sagen, daß ich diese pessimistische Ansicht keineswegs teile, sondern im Gegenteil der Meinung bin, daß es auf die mehr oder weniger formalen Abstimmungsergebnisse nicht so sehr ankommt, als auf den Geist, in dem solche Beratungen und Verhandlungen vor sich gehen und die Gutachten abgefaßt sind.

Deshalb möchte ich doch noch einmal die positiven Ergebnisse hervorheben. Einmütigkeit hat in der Versammlung bei den Gutachtern und den Berichterstattern über so zahlreiche Punkte geherrscht, daß man mit diesem Resultat zufrieden sein kann. Einmütigkeit hat darüber geherrscht, daß unbedingt die Haftung für Sachschäden eingeführt werden müsse, soweit sie noch nicht besteht. Einmütigkeit hat darüber bestanden, daß man die beförderten Personen in Kraftfahrzeugen nach dem Muster des österreichischen Gesetzes zu schützen habe. Einmütigkeit hat darüber bestanden, daß eine so eminent soziale Bestimmung, wie die Haftung für entgangene Dienste, eingeführt werden müsse; wenigstens ist kein Widerspruch dagegen laut geworden. Eine gewisse Einmütigkeit bestand auch darin, daß die Unabdingbarkeit wenigstens in beschränktem Maße vorgesehen werden müsse. Einmütigkeit bestand darüber, daß eine einheitiche Verjährung für sämtliche vier Verkehrsmittel unter Ausschluß des bürgerlichen Rechtes eingeführt werden müsse, sowie darüber, daß die Bestimmungen des deutschen Automobil- und Luftverkehrsgesetzes, welche eine kurze Anzeigefrist für den Verletzten vorschreiben, für sämtliche Verkehrsmittel eingeführt werden sollten. Einmütigkeit schien mir ferner darüber zu bestehen, daß nicht nur der Verletzte das Recht haben solle, an Stelle der Rente eine Kapitalabfindung zu verlangen, sondern unter Umständen dieses Recht auch dem Haftpflichtigen zustehen müsse, und zwar namentlich in Fällen, in welchen durch eine derartige Kapitalabfindung nach dem Urteil der Sachverständigen eine Heilung der Unfallsneurastheniker zu erwarten ist.

Eine seltene Einmütigkeit bestand darüber, daß das völlig antiquierte Haftpflicht-Privileg der Post zu beseitigen sei. Und schließlich herrschte Einmütigkeit darüber, daß wohl auf keinem Gebiete eine Angleichung des deutschen und des österreichischen

Rechtes so sehr wünschenswert und auch durchführbar ist wie gerade auf dem Gebiete des Verkehrsrechts.

Ich bin also der Ansicht, daß die Verhandlungen einen durchaus erfreulichen und für dieses Gebiet auch wirklich wünschenswerten Fortschritt gebracht und wertvolle Anregungen für die Gesetzgeber gezeitigt haben.

Vorsitzender Dr. Engel: Wir kommen zur öffentlich-rechtlichen Abteilung und zur Frage:

„Machen Interessen der Rechtspflege es notwendig, das gesamte Justizwesen auf das Reich zu übertragen?"

Senatspräsident beim Reichsgericht Reichert (Leipzig):

Meine sehr geehrten Damen und Herren! Das erste Thema in der öffentlich-rechtlichen Abteilung: „Machen Interessen der Rechtspflege es notwendig, das gesamte Justizwesen auf das Reich zu übertragen?" ist, wie in den Verhandlungen dieser Abteilung reichlich zum Ausdrucke kam, ein unendlich schwerwiegendes und weittragendes.

Es ist deshalb auch naturgemäß, daß es in der Öffentlichkeit einen sehr großen Widerhall erregt hat. Gleichwohl glaube ich, mich bei dem Berichte über die Verhandlungen, die unter dem bewährten Vorsitz des Herrn Geheimrats Triepel stattfanden, ziemlich knapp fassen zu können. Es lagen von seiten der beiden Herren Berichterstatter keine besonderen Thesen vor, sondern lediglich ein Ja von meiner Seite und ein Nein seitens des Herrn Mitberichterstatters, also genau so, wie es in der Bibel heißt: Eure Rede sei: Ja, Ja! — Nein, Nein! — was darüber ist, ist von Übel. An dieser Auffassung des Themas, daß es nämlich um das Ganze geht, hat, um es vorweg zu nehmen, auch die Debatte festgehalten. Von einem Redner wurde zwar auf die nach seiner Ansicht bestehende Unmöglichkeit hingewiesen, die freiwillige Gerichtsbarkeit auf das Reich zu übernehmen, und hieraus dann das ganz Unzweckmäßige einer Teilübernahme von Justizeinrichtungen auf das Reich betont. Ein anderer Redner glaubte, man könne sich mit der Übernahme des Personalwesens in Ansehung wenigstens der Richter und Staatsanwälte auf das Reich begnügen, die dann aus der Beamtenhierarchie völlig herausgehoben und entsprechend gut und hoch gestellt werden könnten. Allein es zeigte sich keine ernstliche Neigung, die Frage irgendwie einzuschränken. Die Übernahme des gesamten Justizwesens auf das Reich blieb das Thema der Aussprache.

Ich hatte als erster Berichterstatter die Notwendigkeit der Verreichlichung der Justiz wesentlich mit folgendem Gedankengang zu begründen versucht. Im Jahre 1879 hatte man im Interesse der Souveränität der Fürsten die Justizhoheit der Länder unter allen Umständen aufrecht erhalten wollen. Nur die Gesetzgebung über die meisten Gebiete des materiellen Rechtes und die Prozeßordnungen waren auf das Reich übergegangen. Im Gerichtsverfassungsgesetz war damals nur das geordnet worden, was unmittelbar und unbedingt zur Erfüllung der legislatorischen Bedürfnisse in der Rechtsprechung nötig erschien.

Der hierdurch geschaffene Dualismus zwischen Reich und Ländern hat sich nicht als segensreich erwiesen. Man kann nicht sagen, daß das Justizwesen im ganzen bei uns auf der Höhe steht, die der wirtschaftlichen und kulturellen Entwicklung Deutschlands entspricht. Die Legislative des Reiches nahm an Umfang immer mehr zu, und der Schwerpunkt im Rechtswesen ist immer mehr auf die Gesetzgebung hinübergeglitten. Rechtsprechung und Justizverwaltung haben unter sich und mit der Gesetzgebung den unbedingt notwendigen inneren Zusammenhang nicht aufrecht erhalten.

Eine Erneuerung des gesamten Rechtswesens in Deutschland erscheint aber gerade nach dem Verhältnis zwischen Richter und Gesetz und dem Personalwesen und nicht minder nach der damit zusammenhängenden Justizgeographie notwendig. Bei diesem Anlaß muß die nötige Verbindung der Gesetzgebung mit der Rechtsprechung und der Justizverwaltung hergestellt werden; sonst ist ein Vorwärtskommen des Rechtswesens nicht möglich. Über die allerdings erheblichen Schwierigkeiten, die besonders in der Verknüpfung der Landesjustizverwaltungen mit der inneren Politik der Länder liegen, wird man hinwegkommen müssen.

Mein Mitberichterstatter, Herr Präsident von Unzner des Bayerischen Obersten Landesgerichts, ging grundsätzlich andere Wege. Er lehnt die Notwendigkeit einer Verreichlichung rundweg ab und begründet das etwa folgendermaßen. Die ganze Frage lasse sich gar nicht aus der naturnotwendigen Verkettung mit dem politischen Einschlag lösen, der in ihr stecke. Bewußt und unbewußt müßten bei der Prüfung der Frage stets die politischen Gesichtspunkte mitsprechen, die bei einer Verreichlichung der Justiz doch ohne weiteres auftreten. Nehme man aber die reinen justiztechnischen Gesichtspunkte her, dann sei nicht einzusehen, weshalb nicht alle Ziele, die die Verreichlichung anstrebe, auch unter der bisherigen Zuständigkeitsverteilung erreicht werden könnten. Das Reich könne seine Kompetenzen noch weit mehr ausschöpfen als bisher und im Wege der Gesetzgebung für all das Sorge tragen, was der Justiz vonnöten sei. Die Ausführung sei aber bei den Ländern mindestens so gut gewährleistet wie beim Reiche.

Die Aussprache, die sich zum Teil auf sehr beachtlicher Höhe hielt, ergab, daß in der Tat die gestellte Frage offensichtlich so stark mit politischen Gründen und Gegengründen, Anschauungen und Rücksichten verknüpft ist, daß deren restlose Ausschaltung recht schwierig ist und war. Neue Gesichtspunkte traten in der Wechselrede, an der sich auch eingehend die beiden Gutachter, Landgerichtsdirektor Dr. Wunderlich und Landgerichtsdirektor Dr. Töwe, beteiligten, nicht zutage. Ein besonderer Reiz war ihr dadurch verliehen, daß auch zwei Österreicher, beide Hochschullehrer an der Wiener Universität, warmherzig an ihr teilnahmen und — der eine dafür, der andere dagegen — in diese Zukunftsmusik des Deutschen Reiches unter dem Lichte unseres dereinstigen Zusammenschlusses ihre österreichischen Stimmen einfügten.

Nach Schluß der Debatte brachte ich mit einigen Herren noch einen Antrag ein, der die Frage der Notwendigkeit etwas milderte, in der Fassung, daß die rechtspolitischen und justiztechnischen Gründe für eine Übernahme der Justiz durch das Reich überwiegen. Ein Antrag Dürr ging dahin, daß sich die Gründe höchstens die Wage hielten. Eine gottlob nicht lange Geschäftsordnungsdebatte erklärte beide Anträge für verspätet gestellt und daher für unzulässig, wofür ich eigentlich dankbar war.

Es wurde daher nur über das „ja" und „nein" der beiden Herren Referenten abgestimmt, und zwar, da die erste Abstimmung mittels Erheben von den Sitzen dem Büro zweifelhaft erschien, in einer Form, die beim Juristentag nicht allzuhäufig vorgekommen sein dürfte, durch Hammelsprung. Mit etlichen 90 Stimmen gegen 64 wurde die Notwendigkeit der Übernahme des gesamten Justizwesens auf das Reich bejaht.

Die Art der Ausführung war von den Referenten wie in der Debatte vorsichtsweise ausgeschaltet worden. Hierüber wird ja in den nun folgenden Zeiten noch einiges und vieles zu sagen sein.

Vielleicht ist es nicht ganz ohne symptomatische Bedeutung, daß gerade auf österreichischem Boden ein weiterer Schritt zur Vereinheitlichung des deutschen Rechtswesens angebahnt wurde; denn, wie ich schon in meinem Referat in der Abteilung gesagt habe: es liegt doch etwas großes der Idee zugrunde: Ein Reich — ein Recht, ein Richter — eine Rechtsverwaltung.

Vorsitzender Dr. Engel: Die nächste Frage der öffentlich-rechtlichen Abteilung lautet:

Empfiehlt es sich im Interesse einer gesunden Finanzwirtschaft, die bestehenden Grundsätze über die Bewilligung der Einnahmen und Ausgaben für die Haushalte des Reiches und der Länder zu ändern?

Preußischer Finanzminister Dr. Höpker Aschoff (Berlin): Meine verehrten Damen und Herren! Die öffentlich-rechtliche Abteilung hat die Frage, die der Herr Präsident eben verlesen hat, aus grundsätzlichen Erwägungen heraus bejaht, und zwar vor allen Dingen wohl deshalb, weil die Finanzlage in Reich und Ländern eine überaus ernste ist und weil die Aufrechterhaltung des Gleichgewichts in den Haushalten der öffentlichen Hand aus staatspolitischen Gründen notwendig ist, wenn schwere politische Erschütterungen vermieden werden sollen.

Die Beratung der Abteilung war vorbereitet durch Gutachten des Herrn Ministerialdirektors Prof. Dr. Dorn-Berlin und des Herrn Prof. Dr. Merkl-Wien. Beide Gutachter hatten Leitsätze vorgelegt, und auch die Berichterstatter hatten solche Leitsätze aufgestellt. Die beiden Berichterstatter und die beiden Gutachter, deren Leitsätze sich zum Teil deckten, zum Teil überschnitten, haben sich dann auf gemeinsame Leitsätze geeinigt, die nachher von der Abteilung angenommen worden sind. Diese Leitsätze bringen im wesentlichen das folgende zum Ausdruck:

Der erste Leitsatz geht dahin, daß die Bewilligungsgrundsätze für Reich und Länder die gleichen sein sollen; er dient also der Rechtseinheit.

Der nächste Leitsatz empfiehlt die Übernahme der Praxis, die bereits heute im Reich und in Preußen mit Bezug auf die Stellung des Finanzministers im Kabinettsrat gilt, auf alle Länder, jener Praxis, die da sagt, daß der Finanzminister gegen alle finanziellen Beschlüsse des Kabinetts sein Veto einlegen kann, mit der Wirkung, daß eine nochmalige Abstimmung stattzufinden hat, bei der das Veto des Finanzministers nur ausgeräumt werden kann, wenn die Mehrheit aller Minister gegen ihn stimmt und der Reichskanzler oder der Ministerpräsident mit der Mehrheit stimmt.

Der nächste Leitsatz beschäftigt sich mit den außerplanmäßigen Ausgaben und verlangt eine schärfere Kontrolle der Finanzverwaltung durch das Parlament, indem er bestimmt, daß außerplanmäßige Ausgaben über eine gewisse Höhe hinaus nur mit vorheriger Zustimmung eines Ausschusses des Parlaments — das würde der Hauptausschuß oder Finanzausschuß sein — geleistet werden dürfen.

Der nächste Leitsatz bringt zum Ausdruck, daß zu den vornehmsten Rechten des Parlaments das Recht der Budgetbewilligung gehört und daß dieses Recht keineswegs dadurch überholt ist, daß das Vertrauensprinzip nach parlamentarischen Grundsätzen jetzt in den deutschen Verfassungen festgelegt ist.

Ein weiterer Leitsatz will der voreiligen Beschlußfassung erhöhter Ausgaben durch das Parlament Schranken setzen und sieht daher vor, daß Anträge, neue Ausgaben einzustellen oder vorgesehene Ausgaben zu erhöhen, begleitet sein müssen von einem Antrage, der für die erforderliche Deckung sorgt, sofern nicht die Regierung den Anträgen zustimmt.

Der folgende Leitsatz beschäftigt sich sodann mit den Anleiheausgaben und bringt einen Grundsatz zum Ausdruck, der für ein Jahr, und zwar für das Jahr 1928, sich bereits in dem Haushaltsgesetz des Reiches findet, den Grundsatz nämlich, daß Anleiheausgaben grundsätzlich nur dann geleistet werden dürfen, wenn es auch gelingt, die Anleihe flüssig zu machen, und daß daher Anleiheausgaben und die Verpflichtung, solche Ausgaben zu leisten, davon abhängig sind, daß der Finanzminister die erforderlichen Mittel den anderen Ressorts zur Verfügung stellt.

Der letzte Leitsatz endlich bringt zum Ausdruck, daß alle finanziellen Anträge im Haupt- oder Finanzausschuß beraten werden müssen, weil dieser Ausschuß die beste Übersicht über die Finanzlage des Staates hat.

Alle diese Leitsätze zielen keineswegs, wie vielleicht befürchtet werden könnte, darauf ab, etwa die Rechte des Parlaments einzuschränken. Nein! Die vier Herren, die diese Leitsätze aufgestellt hatten, sind von einer solchen Auffassung weit entfernt. Es kam vielmehr bei den Leitsätzen darauf an, die Verantwortung der beiden Faktoren, die für eine geordnete Finanzwirtschaft an erster Stelle verantwortlich sind, des Finanzministers und des Haupt- oder Finanzausschusses des Parlaments, zu stärken und eine engere Zusammenarbeit zwischen diesen beiden Faktoren herbeizuführen.

Die Abteilung, für deren umsichtige Leitung Herrn Geheimrat Triepel Dank und Anerkennung gebühren, hat nach einer verhältnismäßig kurzen Debatte diese Leitsätze einmütig gebilligt.

Vorsitzender Dr. Engel: Es folgt der Bericht der strafrechtlichen Abteilung über die Frage:

„Mit welchen Hauptzielen wird die Reform des Strafverfahrens in Aussicht zu nehmen sein?"

An Stelle des erkrankten Herrn Berichterstatters, Generalstaatsanwalt Dr. Höpler, hat Herr Senatspräsident Dr. Lobe freundlichst die Berichterstattung übernommen, wofür ich ihm speziell danke.

Senatspräsident am Reichsgericht i. R. Dr. Lobe (Leipzig):

Meine Damen und Herren! Über die Frage, nach welchen Hauptzielen und Hauptrichtungen künftig der Strafprozeß zu reformieren sein wird, haben sich als Gutachter ein Hochschullehrer und ein Rechtsanwalt ausgesprochen, und als Berichterstatter sind ein Richter und ein Staatsanwalt aufgetreten. Und nun ereignete sich etwas Wundesbares: trotzdem vier Juristen aus verschiedenen Berufsständen sich über dieselbe Frage aussprachen, herrschte unter ihnen — von einem einzigen Punkte abgesehen —, ohne daß sie miteinandere vorher in Beziehung getreten waren, völlige Übereinstimmung. Aber das Recht des Widerspruchs kam in der Verhandlung und in der Aussprache zutage und zu seinem Rechte. Vor allem wurde in der Aussprache die allgemeine Mängelrüge erhoben, daß sich sowohl die Gutachten wie die Berichte in sogenanntem luftleeren Raum bewegten, und zwar deshalb, weil sie völlig ohne Bezugnahme auf das in Aussicht genommene materielle Strafrecht erstattet worden seien. Ganz stimmt das ja nicht; denn ich selbst habe beispielsweise in meinem Bericht die prozessuale Behandlung der sogenannten besonders leichten Fälle besprochen. Aber im großen und ganzen ist es richtig, daß sowohl die Gutachter wie die Berichterstatter vollkommen davon abgesehen haben, wie sich das materielle Strafrecht gestaltet, und die Verteidigung, warum das geschehen ist, hat einer der Gutachter bei der Aussprache übernommen, indem er meiner Meinung nach mit Recht darauf hingewiesen hat, daß auch die neuen Gedanken, die in diesem künftigen Strafgesetzbuch zur Geltung kommen sollen — sie sind gar nicht so neu, wie immer getan wird, nämlich, daß der Täter und nicht die Tat bestraft wird, das ist ja immer der Fall gewesen — daß auch, sage ich, diese sogenannten neuen Gedanken in einer künftigen Strafprozeßordnung doch immer in derselben strafprozessualen Weise behandelt werden müssen, möge das im materiellen Strafrecht nun so oder so gelten. Und was das Neue beim künftigen Strafgesetzbuch betrifft, nämlich die Einfügung von Besserungs- und Sicherungsmaßnahmen, so gehört das mehr in den Strafvollzug als in die Strafprozeßordnung selbst.

Es sind nun von den Berichterstattern einzelne Thesen aufgestellt worden, und im Anschluß an die Thesen ist die Abstimmung und die Debatte erfolgt. Es wird am besten sein, wenn ich diese Hauptthesen — alle selbstverständlich nicht — Ihnen kurz kundgebe. Daraus werden Sie am besten den Gang der Verhandlungen und der Abstimmung und die Meinungen der Versammlung erkennen.

Zunächst ist festgehalten worden an dem Legalitätsprinzip und zugegeben worden, daß für einzelne bestimmte Fälle das Opportunitätsprinzip zur Geltung zu kommen hat.

Weiter ist allgemein daran festgehalten worden, daß das Anklagemonopol wie bisher der Staatsanwaltschaft zukomme.

Der einzige Punkt, in dem Gutachter und Berichterstatter verschiedener Meinung waren, ist der, daß der erste Berichterstatter — ich selbst — vorgeschlagen hatte, daß die Staatsanwaltschaft dieselbe Unabhängigkeit genießen solle wie der Richter. Der Berichterstatter hatte das damit begründet, daß diese Unabhängigkeit eigentlich eine logische Folge des Legalitätsprinzips sei. Denn sobald der Staatsanwalt gezwungen wäre, nach dem Legalitätsprinzip zu handeln, sei es ein Widersinn, ihn von der Anweisung des Justizministeriums, das ja auch nach politischen Gesichtspunkten handelt und unter Umständen, wie heutzutage, der Fraktion verantwortlich ist, von der der Betreffende zum Minister aufgestellt worden ist, abhängig zu machen, und das stünde mit dem Legalitätsprinzip nicht im Einklang.

Dagegen ist vom anderen Berichterstatter geltend gemacht worden, daß die Einheit der Leitung der Staatsanwaltschaft unbedingt die Abhängigkeit von einer höchsten Stelle, dem Justizminister, fordere. Und um dies etwas schmackhafter zu machen, hat der eine Herr Gutachter in der Debatte behauptet, daß auch der Justizminister unter dem Legalitätsprinzip stehe. Daß das der Fall sei, ist freilich weder in der Praxis noch, soviel ich sehe, in der Literatur allgemein anerkannt. Aber immerhin, die Versammlung stellte sich auf den Standpunkt, daß der Vorschlag, den ich gewiß ohne weiteres als revolutionär anerkenne, abzulehnen sei und es also bei der Abhängigkeit der Staatsanwaltschaft von der Leitung des Justizministers sein Bewenden behalten solle.

Ein wichtiger Punkt war weiter die Stellung des Richters in der künftigen Strafprozeßordnung, und hier bestand nun auch in der Verhandlung einmütig die Ansicht, daß der Richter von allen inquisitorischen Tätigkeiten, die ihm jetzt noch in der Strafprozeßordnung anhaften, befreit sein müsse und lediglich auf die richtende Tätigkeit hingewiesen werden dürfe. Unsere jetzige Strafprozeßordnung ist bekanntlich ein Kompromiß, in dem das alte Inquisitionsverfahren noch reichlich zur Geltung kommt, und zwar nicht nur durch die Bestellung des Untersuchungsrichters, sondern auch in der Hauptverhandlung durch die inquisitorische Befragung des vorsitzenden Richters. Man war einmütig der Auffassung, daß dies nicht weiter angängig sei und daß die Richter lediglich auf die richtende Tätigkeit zurückgezogen werden müßten.

Um nun diese Unbefangenheit des Richters zu sichern, hatten beide Berichterstatter und beide Gutachter vorgeschlagen, daß infolgedessen die Akten der Vorermittlungen, namentlich die staatsanwaltschaftlichen Vorermittlungen, nicht dem erkennenden Gerichte vorgelegt werden dürfen, auch nicht dem Vorsitzenden, sondern daß in voller Unbefangenheit und nicht voreingenommen durch die Kenntnis der Vorerhebungen der Richter und der Vorsitzende die Verhandlung zu leiten haben, nur auf Grund des Ergebnisses, das in der Anklageschrift, die nun freilich eine ganz genaue Darstellung der Untersuchungsergebnisse bringen müsse, zu finden sei. Es wurde hier geltend gemacht, daß es ein Ding der Unmöglichkeit für den Vorsitzenden sein werde, in völliger Unkenntnis eine Verhandlung namentlich in komplizierten Fällen zu leiten. Dieser letztere Gesichtspunkt fand die Zustimmung der Versammlung, und es wurde abgelehnt, diese völlige Unbefangenheit des Vorsitzenden dadurch zu sichern, daß ihm die Kenntnis der Vorakten untersagt werde. Dagegen wurde wieder beinahe einstimmig anerkannt, daß das gesamte Vorverfahren, die gesamten Vorerörterungen lediglich in der Hand der Staatsanwaltschaft liegen sollen, daß namentlich die richterliche Voruntersuchung, ebenso der Eröffnungsbeschluß abgeschafft werde, so daß die Staatsanwaltschaft nur auf Grund eingehender Erörterungen, bei denen auch wieder die Rechte des Angeschuldigten sehr erweitert werden müssen, vorgehen könne und daß dem Angeschuldigten die Möglichkeit gegeben sein müsse, rechtzeitig einen Verteidiger zuzuziehen, so daß also die Anklage unmittelbar vom Staatsanwalt beim Gericht erfolgt.

Um dem Angeschuldigten eine Sicherung gegen unberechtigte Anklageerhebungen zu geben, wurde den Vorschlägen der Gutachter und Berichterstatter gemäß anerkannt, daß es wünschenswert sei, einen sogenannten Vortermin einzuführen, wenn der Angeschuldigte dies beantrage, und daß im Vortermin die Erörterung darüber, ob ein hinreichender Verdacht gegen ihn vorliege, im Wege des kontradiktorischen Verfahrens mit dem Staatsanwalt und dem Verteidiger eventuell unter Zeugenvernehmung erfolgen müsse.

Besonders wurde in der Verhandlung weiter hervorgehoben, daß namentlich die Hauptverhandlung in ganz anderer Weise gestaltet werden müsse, als es jetzt der Fall ist.

Es wurde betont, daß die Ablehnung der gestellten Beweise eingeschränkt, daß die Erwägung des Richters, Sachverständige zu vernehmen und Augenscheine vorzunehmen, nicht mehr so frei sein dürfe, wie es jetzt nach der Prozeßordnung ist, und infolgedessen schlug man vor, daß die ganze Beweiserhebung, namentlich um auch das inquisitorische Vorgehen des Vorsitzenden zu vermeiden, nunmehr in die Hände der Parteien zu legen wäre. Das ist eine außerordentlich wichtige Neuerung, die im Anschluß an das englische und amerikanische Recht vorgeschlagen wurde. Sie hat die Zustimmung der Versammlung gefunden, freilich nicht ohne erheblichen Widerspruch, der allerdings beeinflußt worden ist, wahrscheinlich nicht zum geringsten Teile durch das Wort „Kreuzverhör“, indem man sich vorstellte, es werde nun einmal vom Staatsanwalt eine ganz bestimmte Frage an den Zeugen gerichtet, der sie bloß mit Ja oder Nein zu beantworten hätte; dann stelle der Angeklagte oder sein Verteidiger auch nur eine bestimmte Frage an den Zeugen, der sie wieder nur mit Ja oder Nein zu beantworten habe, und so gehe das wie ein Weberschiffchen immer fort hin und her. So ist das Kreuzverhör nicht zu denken. Wenn vorgeschlagen wird, die Beweiserhebung in die Hände der Parteien zu legen, so soll dadurch keineswegs verhindert werden, daß sowohl der Zeuge als auch der Angeklagte, wenn er will, zunächst eine zusammenhängende Darstellung gibt. Es ist nicht einzusehen, warum beispielsweise der Staatsanwalt nicht ebenso wie der Vorsitzende den Angeklagten oder Zeugen zunächst auffordern kann, eine Gesamtdarstellung zu geben, an die sich nunmehr die einzelnen Fragen knüpfen.

Weiter ist anerkannt worden, daß auch das Recht des Vorsitzenden, Fragen nicht zuzulassen, und weiter das Recht jedes Richters, Ergänzungsfragen zur Aufklärung zu stellen, unberührt bleiben muß.

Als Gegengewicht für die freie Beweiswürdigung des Richters, die unbedingt aufrecht erhalten bleiben muß, wurde dann von den Gutachtern, Berichterstattern und den Rednern einmütig betont, daß unbedingt ein schärferer Begründungszwang für die Urteile bestehen muß, so daß nicht ad libitum der Richter erklären kann: ich habe die Überzeugung gewonnen, der und der hat das und das getan, sondern daß die Beweistatsachen und die Beweismittel genau angegeben werden müssen und daß in logischer Entwicklung alles dargelegt wird, wieso und warum der Richter zu dieser oder jener Überzeugung gekommen ist. Das ist deshalb wichtig, damit dann der Revisionsrichter nachprüfen kann, inwieweit diese freie richterliche Überzeugung sich begründen läßt.

Was die Verhandlung betrifft, so wurde auch hervorgehoben, daß der Einfluß der Parteien auf die Fassung des Protokolls ein viel größerer werden müsse und daß die Anfechtung des Protokolls nicht nur wegen Fälschung, sondern auch wegen Irrtums durchaus zulässig sein müsse.

Zur Frage der Rechtsmittel hatten sowohl die Gutachter als die Berichterstatter vorgeschlagen, von der Berufung abzusehen, indem sie ausführten, daß der zweite Richter, so wie jetzt die Gerichte besetzt sind, keineswegs der besser unterrichtete und der fähigere Richter ist. Namentlich muß das bei Laienrichtern gelten, bei denen hier und dort dieselben Laien, nicht mit besseren Kenntnissen und Fähigkeiten ausgerüstet, sitzen. Es wurde dafür ein anderer Ausweg vorgeschlagen, namentlich eine bessere Ausgestaltung des Berichtigungsverfahrens, so daß Irrtümer und Mißverständnisse bei demselben Gerichte ausgeglichen werden können, und vor allem eine freiere Ausgestaltung des Wiederaufnahmeverfahrens. Die Versammlung hat es jedoch abgelehnt, von der Berufung abzusehen, und man ist infolgedessen auf Beschluß der Versammlung dabei geblieben, daß auch gegen die Urteile der Schöffengerichte die Berufung zulässig sein soll. Es wurde die Beschränkung hierbei geltend gemacht, daß die Berufung gegen Schwurgerichtsurteile nicht zulässig sein soll; es wurde aber dann die ganze Frage der Gerichtsorganisation in bezug auf die Schwurgerichte beiseite gestellt, weil die Frage, ob wieder Schwurgerichte in der alten Form eingeführt werden sollen oder ob es bei der Art der Schwurgerichte, die Schöffengerichte sind, wie wir sie jetzt haben, zu bleiben hat, gar nicht genügend vorbereitet war und nicht zur Beschlußfassung kommen konnte.

Was endlich die Frage der Revision anlangt, so war man auch darüber einig, daß diese lediglich auf Rechtsfragen zu beschränken sei. Dagegen stimmte die Versammlung dem Vorschlage des Berichterstatters zu, daß eine gesetzliche Bestimmung darüber aufgenommen werden solle, welche Tatsachenfeststellung den Revisionsrichter eigentlich zu binden habe, namentlich deswegen, um zu vermeiden, daß nicht etwa als tatsächliche den Revisionsrichter bindende Feststellung angesehen werde, was tatsächlich gar keine Feststellung, sondern nur eine Würdigung ist. Als tatsächliche Feststellung soll nur das gelten, was in der Verhandlung selbst auf Grund einer Beweisaufnahme festgestellt wurde, nicht aber das, was eine reine Würdigung dieser Tatsachen durch den Richter darstellt, sei es die Frage der Unsittlichkeit, der Übermäßigkeit usw. Das sind Würdigungen, aber keine Tatsachen. Diese sollen den Revisionsrichter nicht binden.

Die Berichterstatter hatten weiter vorgeschlagen, daß die Vorschriften des österreichischen Rechtes über die außerordentliche Revision, dahingehend, daß der Revisionsrichter in der Lage sei, wenn er die tatsächlichen Feststellungen als ungenügend und zweifelhaft ansehe, das Urteil aufzuheben und an die erste Instanz zurückzuverweisen, nicht aufgenommen werde, weil das, wie die Berichterstatter meinten, dem Grundsatze der Unmittelbarkeit widerspreche. Gleichwohl hat die Versammlung diese österreichische Einrichtung gutgeheißen und empfohlen; sie habe sich in der Praxis bewährt, um tatsächlich ungerechte Urteile zu vermeiden.

Das sind im großen und ganzen die Ergebnisse der Verhandlungen gewesen. Es hat sich gezeigt, daß diese zum Teil völlig neuen Gedanken, die vorgebracht worden sind, doch bereits eine recht starke Lebensfähigkeit haben. Am besten sieht man das daraus, daß die beiden Gutachter und die beiden Berichterstatter ganz unabhängig auf dieselben Gedanken gekommen sind und ein großer Teil doch in der Versammlung Anklang gefunden hat. Es wird daraus zu folgern sein, daß der künftige Gesetzgeber an diesen Gedanken nicht vorübergehen darf.

Vorsitzender Dr. Engel: Die nächste Frage betrifft die

„Vorbildung und Berufslaufbahn der Organe der Strafrechtspflege".

Geh. Justizrat Prof. Dr. Freudenthal (Frankfurt a. M.):

Über die Frage der Vorbildung und Berufslaufbahn der Organe der Strafrechtspflege liegt ein Gutachten meines Frankfurter Kollegen Geheimrat Heimberger vor, das auf höchst sorgfältige tatsächliche Feststellungen des Bestehenden wohlüberlegte praktische Forderungen stützt. Der erste Herr Berichterstatter, Kollege Graf Gleispach, hat, ausgehend von den in der Tat vorbildlichen Verhältnissen in seinem Wiener Institute für die gesamte Strafrechtswissenschaft und Kriminologie, über den Aufbau des Unterrichts in den strafrechtlichen Hilfswissenschaften Leitsätze aufgestellt, die in der Grundlage mit den von mir als zweitem Berichterstatter entworfenen so harmonieren, daß wir, vor der Beschlußfassung der Abteilung, zu einer Reihe gemeinsamer Leitsätze gelangt sind.

Sie gehen übereinstimmend davon aus, daß ein im Zeichen individueller Behandlung des Verbrechers und folglich der Ursachenforschung stehendes Strafrecht für seine Rechtspflegeorgane, d. i. Strafrichter, Staatsanwälte, Verteidiger, aber auch für Jugendrichter und Jugendstaatsanwälte, sowie für Strafvollzugsbeamte, sorgfältige Vorbildung in den Hilfswissenschaften des Strafrechts voraussetzt. Als solche betrachten wir, wiederum übereinstimmend, Kriminalpsychologie, -psychiatrie, -soziologie, -biologie und -technologie, gerichtliche Medizin, Grundzüge der Kriminalpolitik und

Poenologie, die Gefängnisrecht und Recht der Fürsorgeerziehung einschließt.

Nur in zwei Punkten gingen die Leitsätze nicht unerheblich auseinander. Der verehrte erste Herr Berichterstatter legt die hilfswissenschaftliche Ausbildung in Vorlesungen und Übungen der Universitätszeit, der zweite in Sonderlehrgänge der Assessorenzeit.

Die andere Abweichung in den Ansichten der Berichterstatter betrifft die Frage, ob die Berufslaufbahnen der Zivil- und der Strafrichter grundsätzlich und dauernd voneinander zu trennen seien. Der erste Herr Berichterstatter bejaht die Frage. Der zweite verneint sie.

Die höchst angeregten und anregenden Wechselreden in der Abteilung unter dem Vorsitz des um die Praxis und Theorie des Strafrechts gleich verdienten Herrn Oberreichsanwalts Prof. Ebermayer führten in folgenden sechs grundlegenden Punkten zu Beschlüssen:

1. Ist es wünschenswert, daß die Strafrechtspflegeorgane in den strafrechtlichen Hilfswissenschaften ausgebildet werden? Die Abteilung hat diese Frage bejaht.

2. Wann soll diese Ausbildung stattfinden? bereits in der Universitätszeit? oder im Referendariat? oder erst nach dem Assessorexamen? Die Abteilung sprach sich für die Zeit nach dem Assessorexamen aus. Sie verkannte nicht, daß für eine während der Universitätszeit stattfindende Ausbildung in den Hilfswissenschaften viel sprechen mag, wo, wie in Österreich, 8 Semester für das Rechtsstudium zur Verfügung stehen, während dieses z. B. in Preußen bekanntlich nur mit 6 Semestern rechnen kann.

Sie hat ferner die Bedeutung der Universitätsvorlesungen in den Hilfswissenschaften voll gewürdigt. Es wurde von verschiedenen Seiten betont, daß ihr Ausbau und die Errichtung neuer Lehrstellen für sie nachdrücklich anzustreben sei.

Aber die eigentliche hilfswissenschaftliche Vorbildung der Strafrechtspflegeorgane — theoretischer und praktischer Art — soll nach der in der Abteilung vorherrschenden Meinung in Sonderlehrgängen erst erfolgen, wenn die juristischen Prüfungen hinter dem jungen Juristen liegen. In der Universitätszeit, so wurde geltend gemacht, sei die Belastung — in Preußen mit wöchentlich 25 bis 30 Stunden oder mehr — schon jetzt so groß, daß sie nicht noch gesteigert werden dürfe. Für die Zeit des Referendariats vollends wurde bei der Beschlußfassung in der Abteilung auch nicht eine Stimme abgegeben. Diese Kurse sollen an Universitätsinstituten und Universitäten stattfinden. Ihre einheitliche Organisation durch das Reich hin wurde als ein höchst erstrebenswertes Ziel bezeichnet.

3. Soll eine dauernde und grundsätzliche Trennung zwischen den Laufbahnen der Zivil- und der Strafrichter stattfinden? Diese Frage wurde verneint, nachdem die Abteilung ihr eine besonders eingehende Erörterung gewidmet hatte. Sie hat die Vorteile nicht unterschätzt, die mit dem Ausschlusse des Wechsels verbunden sein würden. Noch höher aber hat sie den Nutzen des Ausgleichs gewertet, der, gegenüber den Gefahren einer einseitigen, dauernden und ausschließlichen Beschäftigung mit Strafsachen, im Wechsel der Tätigkeit liegen kann.

4. Soll auch für Organe der Jugendrechtspflege sinngemäß gelten, was für die der Strafrechtspflege, z. B. in bezug auf die Notwendigkeit hilfswissenschaftlicher Vorbildung, den Zeitpunkt dieser Vorbildung, die Möglichkeit eines Wechsels u. a. beschlossen worden ist? Die Abteilung hat diese Frage einstimmig bejaht.

5. Soll für bewährte Vorsitzende von Strafgerichten die Möglichkeit gehobener Stellung vorgesehen werden, für Strafrichter schlechthin die tatsächliche Gleichstellung mit Zivilrichtern, insbesondere in der Beförderung stattfinden? Die Abteilung hat auch diesen Vorschlag der Berichterstatter sich zu eigen gemacht. Sie ging davon aus, daß die Erfüllung der hohen an die Organe moderner Strafrechtspflege zu stellenden Anforderungen, außer durch die unentbehrliche Sondervorbildung, auch durch die lockende Gestaltung der Berufslaufbahn bedingt sei.

6. Liegt die Übernahme hervorragender Strafverteidiger in die Laufbahn des Strafrichters und die strafrichterliche Betätigung von Strafrechtslehrern der Universitäten im Interesse der Strafrechtspflege? Die Abteilung hat beides ohne Widerspruch bejaht.

Diese Beschlüsse der Abteilung erfahren Ergänzung und Deutung erst durch die in Wechselreden und Leitsätzen niedergelegten Ansichten.

Daß sie durch unsere Justizverwaltungen aus toten Worten zu lebensvollen und segenspendenden Taten werden, das ist das Vertrauen und die Zuversicht, mit denen dieser Bericht schließt.

Vorsitzender Dr. Engel: Wir kommen nun zu den Berichten der wirtschafts- und finanzrechtlichen Abteilung, und zwar zunächst zu der Frage:

„Empfiehlt sich die Änderung und Vereinheitlichung der deutschen und österreichischen Kartellgesetzgebung?"

Rechtsanwalt Dr. Rudolf Isay (Berlin):

Meine verehrten Damen und Herren! Als die Ständige Deputation das Kartellproblem auf die Tagesordnung des Juristentages setzte, wurde dieser Entschluß vielfach sehr begrüßt; denn man erhoffte von der Diskussion auf dem Juristentag eine leidenschaftslose und objektive Klärung eines Problems, das bis dahin im Streit der Weltanschauungen, der Parteien, der Wirtschaftsinteressen und der Tagesmeinungen hoffnungslos verstrickt schien. Andererseits — ich darf das nicht verschweigen — ist aber auch die Legitimation des Juristentages bestritten worden, dieses eminent wirtschaftspolitische Problem zu behandeln. Es ist geltend gemacht worden, daß es Sache des Juristen nur sei, zu gegebenen wirtschaftspolitischen Zielsetzungen das gesetzestechnische Mittel zu suchen, aber nicht seine Aufgabe, die Zielsetzungen selbst zu beurteilen und nachzuprüfen.

Ich glaube, daß diese letztere Auffassung dem Juristen doch wohl eine gar zu subalterne Aufgabe zuweist.

Mein verehrter Mitberichterstatter, Herr Professor Nipperdey, hat bereits in seinem Referat mit Recht darauf hingewiesen, daß eines der Zentralprobleme, mit denen sich seit 1000 Jahren die Rechtswissenschaft beschäftigt, darin besteht, die richtige Abgrenzung zu finden zwischen der Sphäre der Allgemeinheit und der Sphäre, in der sich die privaten Interessen der Einzelnen auswirken, ausleben und durchkämpfen können, und daß die Juristen nicht darauf verzichten dürfen, gerade hier bei der Grenzziehung mitzuwirken. Und das Kartellproblem ist nur ein Ausschnitt aus diesem Gesamtproblem. Es handelt sich um das Verhältnis des Staats zu den in seinem Schoße sich bildenden wirtschaftlichen Machtkörpern und Machtstrebungen.

Ich glaube nun sagen zu können, daß der Erfolg den Optimisten Recht gegeben hat, also denjenigen, die den Beruf des Juristentages zur Erörterung der Kartellfrage bejahten. Es haben sich im Laufe der Diskussion, die unter der ausgezeichneten Leitung von Herrn

Professor Walker aus Wien stattfand, allmählich durch die Referate der Berichterstatter und durch vielfältige Anregungen der Diskussionsredner gemeinsame Leitsätze herausgebildet, die in ihrer endgültigen Fassung nicht mit irgendeiner Zufallsmehrheit, sondern nahezu einstimmig von einer Versammlung angenommen worden sind, in der die verschiedensten Anschauungen und Interessen vertreten waren. Und was vielleicht noch wichtiger ist: ihr Grundgedanke hat die prinzipielle Zustimmung von Diskussionsrednern gefunden, an deren polarer Gegensätzlichkeit in der wirtschaftlichen Einstellung und Weltanschauung kein Zweifel bestehen kann. Es beleuchtet vielleicht am besten die Situation, wenn ich zwei Namen nenne, die den grundsätzlichen Gedankengängen der Entschließung ihre Billigung zuteil werden ließen: einerseits Herr Professor Dr. Sinzheimer und andererseits Herr Dr. Meinhardt, der Leiter des Osramkonzerns und leitende Kopf des Glühlampenweltkartells.

Es ist, glaube ich, kein Zufall, daß es so gekommen ist. Die juristische Ausbildung und der Dienst am Recht erzeugen nun einmal die Fähigkeit, sich in die Gedankengänge eines anderen einzufühlen und seine Argumente objektiv zu würdigen, und sie erzeugen, was noch wichtiger ist, einen gewissen gemeinsamen Fonds von Anschauungen über Recht, Rechtsstaat und Rechtsprechung, die man nicht wegen irgendwelcher Opportunitätsgründe preisgibt.

In dem Augenblick, in dem diese nach Weltanschauung und Lebensstellung grundverschiedenen Herren sich wieder auf dem altvertrauten Boden einer juristischen Diskussion unmittelbar aussprechen konnten, als sie also wieder einmal miteinander fachsimpelten, mußte sich ein Kern gemeinsamer Grundanschauungen herausstellen, der eine Einigung ermöglichte. Es ist selbstverständlich nicht ohne heftigen Kampf bei dieser Diskussion abgegangen. Das gehört nun einmal dazu, wenn man fachsimpelt. Aber schließlich hat man sich verständigt.

Wenn ich nun versuche, Ihnen die Gedankengänge der gefaßten Beschlüsse darzulegen, so muß ich mich auf die Leitmotive beschränken. Melodie und Instrumentation bitte ich in der Partitur, in dem hoffentlich bald erscheinenden Verhandlungsbericht, nachzulesen.

Es wurde einerseits anerkannt, daß die Kartelle ein notwendiges und nützliches Element unserer Wirtschaftsverfassung bilden, daß sie namentlich hervorgerufen werden durch die ständige Zunahme der Kapitalsintensität unserer Wirtschaft. Es wurde anerkannt, daß die freie Konkurrenz nicht, wie es nach der Kartellverordnung der Fall ist, an sich ein schutzwürdiges Gut ist, daß vielmehr die durch private Organisationen mehr und mehr gebundene Wirtschaft, in der wir leben, als ebenbürtig, gleichberechtigte Form der freien Konkurrenz gegenübersteht und ihr unter Umständen sogar überlegen ist. Es wurde anerkannt. daß die Kartelle nicht bloß Angriffsorganisationen, sondern auch Abwehrorganisationen wirtschaftlich schwacher Elemente sein können.

Andererseits hat sich keiner der Teilnehmer der Anerkennung des Grundsatzes verschlossen, daß Wirtschaften, und namentlich der Besitz wirtschaftlicher Macht, eine Verantwortung gegenüber der Allgemeinheit bedingt. Wirtschaftsfreiheit ist nicht gleichbedeutend mit Wirtschaftswillkür. Daher ist es Sache des Staates, wirtschaftliche Machtkörper zu beaufsichtigen und zu kontrollieren. Ein Streit kann nur über die richtigen Mittel und das richtige Ausmaß einer solchen Kontrolle bestehen.

Ferner wurde anerkannt, das ein prinzipieller Fehler der Kartellverordnung, wie sie heute besteht, in der Vermischung des öffentlichen und des privaten Interesses liegt. Unter der heutigen Kartellverordnung können einerseits private Interessenten für ihre privatwirtschaftlichen Ziele sich zum Anwalt des öffentlichen Interesses aufwerfen, sogar dann, wenn der berufene Hüter des öffentlichen Interesses, nämlich der Reichswirtschaftsminister, eine Gefährdung der Gesamtwirtschaft oder des Gemeinwohls verneint. Andererseits haben manche Konstruktionen der Kartellverordnung, bewirkt, daß sich der Staat in privatwirtschaftliche Interessenkämpfe auch dann einmischen muß, wenn das öffentliche Interesse nicht berührt wird, ein Vorgang, dessen Gefahr für die Staatsautorität keiner Erläuterung bedarf. Infolgedessen entschied man sich für eine saubere Trennung der öffentlichrechtlichen und der privatrechtlichen Vorschriften der Kartellgesetzgebung.

Weiter war man darüber einig, daß die Kartellpolitik nur ein Teil der allgemeinen Wirtschaftspolitik ist. Hieraus zog man negative und positive Konsequenzen.

Einerseits verwarf man den Gedanken eines selbständigen Kartellamtes, das unabhängig vom Reichswirtschaftsminister sein sollte. Man erkannte ferner an, daß gegen die Maßnahmen des Reichswirtschaftsministers zwar ein Rechtsweg in einem Verwaltungsstreitverfahren gegeben sein müsse, daß es aber nicht Sache dieses Verwaltungsgerichts sei, die allgemeinen wirtschaftspolitischen Ziele des Reichswirtschaftsministers einer Kontrolle zu unterziehen. Vielmehr hat sich die Nachprüfung auf die bekannten Fragen der Verhältnismäßigkeit, der Zuständigkeit, des Ermessensmißbrauchs usw. zu beschränken.

Die positive Konsequenz aus der Anerkennung der Einheit von Kartellpolitik und Wirtschaftspolitik besteht darin, daß in erster Linie versucht werden muß, eine vertrauensvolle Zusammenarbeit zwischen den wirtschaftspolitischen Behörden der Kartellverwaltung und den wirtschaftlichen Organisationen zu ermöglichen, damit die Momente der Rationalisierung und des Fortschritts, die in diesen Organisationen stecken, von den Wirtschaftsbehörden planmäßig ausgenutzt werden können. Auch für die Verhütung von Mißbräuchen ist eine solche Zusammenarbeit wertvoller als Repression und polizeiliche Verfolgung.

Weiter war man sich über die große Bedeutung der Publizität einig, schon allein deshalb, um das Mißtrauen der Allgemeinheit gegenüber der Kartellbewegung möglichst zu beseitigen. Allerdings erkannte man an, daß die Publizität nicht durch ein formales Kartellregister gewährleistet ist, sondern durch gründliche Enqueten derjenigen Gewerbszweige, in denen jeweils Aufklärung nötig ist. Infolgedessen wurde ein Antrag Flechtheim angenommen, der dahin zielt, ein ständiges Organ zu schaffen, dessen Aufgabe es ist, nicht bloß auf dem Kartellgebiete, sondern auch auf anderen Gebieten für eine objektive Feststellung wirtschaftlicher Tatbestände zu sorgen. Die Einschaltung dieses Organs in die Verwaltungsaufsicht, wie sie nach den angenommenen Thesen geplant ist, soll zwar nur beratender Natur sein; aber ich persönlich erblicke gerade in dieser beratenden Tätigkeit eine außerordentliche Sicherung gegen Einwirkungen der Tagespolitik.

Ferner war man sich darüber einig, daß die privatrechtlichen Kartellstreitigkeiten, die Frage der Kündigung aus wichtigem Grunde und die Frage der Sperre, wieder den ordentlichen Gerichten zuzuweisen seien, weil die Zuständigkeitstrennung zu Mißständen geführt hat und auch die Organisation des Kartellgerichts in seiner jetzigen Form den Anforderungen, die wir an ein Gericht zu stellen gewohnt sind, nicht entspricht.

Für Österreich war man der Auffassung, daß eine Anerkennung des Rechtsbestandes der Kartellverträge und dementsprechend die Aufhebung des veralteten § 4 des österreichischen Koalitionsgesetzes für eine Gesundung der österreichischen Wirtschaft unbedingt notwendig sei. Im übrigen aber sind die wirtschaftlichen Grundlagen in Österreich und Deutschland sehr verschieden. Deutschland ist ein großes einheitliches Wirtschaftsgebiet, Österreich ein kleiner Staat, dessen Industrie auf Export und Durchgangsverkehr angewiesen ist. Deshalb war man der Anschauung, daß auf eine allmähliche Angleichung der Rechtslage in den beiden Staaten erst nach Konsolidierung der wirtschaftlichen Verhältnisse Österreichs, am besten nach Vollzug des Anschlusses, hingearbeitet werden könne.

Das sind die Grundgedanken der sehr ausführlichen Leitsätze, auf die sich Berichterstatter und Gutachter unter wertvoller Mitwirkung des Herrn Professor Geiler geeinigt haben und die fast einstimmig zur Annahme gelangten. Ob damit das Kartellproblem für die Dauer gelöst ist, steht dahin; denn es handelt sich hier um ein Problem, das sich in wirtschaftlichem Fluß befindet und täglich neue Gestalt annehmen kann. Einen dauernden Gewinn aber hat, hoffe ich, die Beratung des Juristentages gezeitigt: die Entgiftung der Kartelldiskussion. Die Beratungen des Juristentages haben gezeigt, daß man sich verstehen und verständigen kann, auch wenn man von ganz verschiedenen Weltanschauungen ausgeht. Hoffentlich wird das Beispiel, das der Juristentag in dieser Beziehung gegeben hat, auch auf anderen Gebieten als auf dem des Kartellproblems fruchtbringend sein.

Vorsitzender Dr. Engel: Der letzte Bericht ist der Bericht über:

„Der strafrechtliche Schutz der Arbeitskraft".

Prof. Dr. Groh (Heidelberg):

Meine Damen und Herren! Die Tatsache, daß weite, bedeutsame Teile des Strafrechts dem Schutze der Besitzenden gewidmet sind, daß das einzige Vermögensgut des Besitzlosen, desjenigen, der zur Bestreitung seines Unterhalts auf seiner Hände Arbeit angewiesen ist, die Arbeitskraft, in dem Strafrecht keinerlei ausdrückliche Erwähnung erfährt, hat schon frühzeitig den Ruf nach einem strafrechtlichen Schutz der Arbeitskraft erschallen lassen, und diesem Rufe sind zunächst die Kriminalisten gefolgt. Eingehende, gründliche wissenschaftliche Untersuchungen auf diesem Gebiete stellten fest, daß sowohl das geltende Recht als auch die Entwürfe des zukünftigen Strafrechts beachtenswerte, ausbaufähige, aber auch erweiterungsbedürftige Ansätze zu einem strafrechtlichen Schutz der Arbeitskraft enthielten. In dreierlei Beziehung wies man hier auf die Möglichkeiten der Ausgestaltung eines solchen Schutzes der Arbeitskraft hin: einmal wollte man den Träger der Arbeitskraft, sein leibliches Substrat und damit die Arbeitskraft selbst, gegen Verletzung und Gefährdung schärfer schützen, als das bisher der Fall war. Weiter glaubte man die Arbeitskraft gegen Ausbeutung, insbesondere gegen Lohnwucher, decken zu müssen, und schließlich glaubte man auch, die Möglichkeit der freien Betätigung der Arbeitskraft gegen unwürdige Zumutungen, gegen Ausnutzung eines Abhängigkeitsverhältnisses sichern zu sollen.

Diese Untersuchungen haben zu einer Reihe von Vorschlägen geführt, in denen von dem zukünftigen Rechte zwar nicht eine besondere Abteilung, ein besonderer Titel des strafrechtlichen Schutzes der Arbeitskraft als vielmehr der Ausbau der einzelnen hier in Betracht kommenden Vorschriften verlangt wird.

Die Aufgabe der arbeitsrechtlichen Abteilung des Juristentages war es nun, diese Vorschläge der Kriminalisten einer Untersuchung vom arbeitsrechtlichen Standpunkt aus zu unterziehen. Sie führte zu dem Ergebnis, daß man sich fast einstimmig dahin einigte, daß der Schutz der Arbeitskraft in erster Linie Aufgabe des A r b e i t s r e c h t s sei. Das Arbeitsrecht allein stellt die erforderlichen Möglichkeiten und Wege zur Verfügung, die einen nachhaltigen, einen wirksamen Schutz der Arbeitskraft gewährleisten, durch Ausbau der Vorschriften der Arbeiterschutzgesetze, durch Verwirklichung der Präponderanz des Kollektivgedankens über den individuellen Willen, durch Einführung einer mit wirtschaftlichem Feingefühl ausgestatteten elastischen Mindestlohngesetzgebung usw. Gegen den Ausbau des strafrechtlichen Schutzes der Arbeitskraft wandte man vor allen Dingen ein, daß das Strafrecht aus dem Arbeitsverhältnis möglichst ferngehalten werden müßte, daß die an sich schon so empfindlichen Beziehungen zwischen Arbeitgeber und Arbeitnehmer nicht noch durch das Eingreifen des Strafrichters erschwert werden sollten, daß hier nicht neue Keime der Erbitterung, des sozialen Unfriedens geschaffen werden dürfen.

Weiter fürchtete man auch, daß bei der formalen Einstellung des Strafrechts zu den Rechtsunterworfenen, die doch von einer sozialen und ökonomischen Gleichstellung, die zwar nur fingiert ist, ausgeht, sich häufig gerade im Arbeitsverhältnis eine ungerechte Auswirkung der gleichförmigen Strafandrohung befürchten lassen müsse.

Allerdings war man trotz dieser prinzipiellen Einstellung der Auffassung, daß wenigstens in einzelnen Punkten im Strafrecht eine Erweiterung des strafrechtlichen Schutzes der Arbeitskraft notwendig und möglich wäre. Ganz wenige Bestimmungen sind es. So hielt man vor allen Dingen die Vorschrift über schwere Körperverletzung für ausbauungsfähig und ausbauungsnötig. Hier ergibt sich die Groteske, daß z. B. Entstellung, also Verlust der Schönheit, mit Zuchthaus bestraft wird, während die Einbuße des für Millionen von Menschen unschätzbaren Gutes der Arbeitskraft höchstens mit Gefängnis zu bestrafen ist.

Der Entwurf 1927 bietet ja hier schon eine erhebliche Verbesserung insofern, als dort wohl die Möglichkeit besteht, daß der dauernde Verlust der Arbeitskraft als schwere Körperverletzung bestraft wird. Ganz zweifelsfrei ist es allerdings nicht, und deshalb fand ein Antrag, der übereinstimmend von den Gutachtern und Berichterstattern gestellt war, des Inhalts, daß zur Klarstellung dieser Vorschrift als schutzwürdiges Gut in dieser Bestimmung auch die Arbeitskraft erwähnt werde, einstimmige oder jedenfalls mit großer Mehrheit beschlossene Annahme.

Die weiteren Anträge, auch die Berufsfähigkeit unter diesen Schutz zu stellen und die fahrlässige Verletzung der Arbeitskraft als Strafschärfungsgrund anzuerkennen, wurden abgelehnt. Man fürchtete, daß hierdurch ein allzuhäufiges Eingreifen des Strafrichters in die arbeitsrechtlichen Beziehungen heraufbeschworen würde, daß sich da eine Neurose der Berufsunfähigkeit ergäbe und ähnliches mehr.

Sehr umstritten war die Frage, ob die Ausbeutung der Arbeitskraft im Strafrecht einen besonderen Schutz erfahren soll. Man war sich darüber klar, daß nach geltendem Recht Lohnwucher nur als Sachwucher, also nur bei Gewerbsmäßigkeit und Gewohnheitsmäßigkeit, zu bestrafen sei und daß das eben praktisch nicht vorkommen könnte, obwohl es sehr viele Fälle der Lohnbewucherung gibt. Es ist kein Urteil erfindlich gewesen, in dem jemand wegen Lohnwuchers bestraft worden ist, und es fragte sich nun, ob ein solcher Ausbau der Wucherbestimmungen des zukünftigen Rechtes notwendig und erforderlich sei.

Man war sich einig darüber, daß der Lohnwucher von der neuen Fassung des § 340 des Entwurfes getroffen werde, die Ausnutzung der Arbeitskraft also hier geschützt sei. Trotzdem glaubten die beiden Berichterstatter wie auch der eine Gutachter, Sektionschef Suchanek, anregen zu sollen, daß ausdrücklich, um jeden Zweifel zu vermeiden, die Arbeitskraft als schutzwürdiges Objekt hier erwähnt würde. Man wollte einmal die Tragweite dieser Bestimmung klarstellen, andererseits aber wies man auch auf den sozialpädagogischen Einfluß, auf die generalpräventive Wirkung einer solchen Strafandrohung hin.

Demgegenüber führte nur Herr Kollege Sinzheimer vor allen Dingen ins Feld, daß er eine solche Erwähnung der Arbeitskraft in den Wucherbestimmungen für außerordentlich bedenklich halte; er fürchte davon einen allzuhäufigen Eingriff des Strafrichters in die feinnervigen Kollektivbeziehungen; er glaube, daß das autonome Recht selbst in der Lage sei, sich zu schützen; er fürchte, daß dann niemand mehr sich bereit fände, einen Tarifvertrag abzuschließen, und daß vor allen Dingen durch eine solche Strafandrohung das soziale Gewissen eingeschläfert würde; die Forderung des Arbeitrechts, gegen die Ausbeutung der Arbeitskraft anzukämpfen, würde immer beiseite geschoben mit dem Hinweis darauf, daß das Strafrecht hier schon genug bringe, daß das Arbeitsrecht nicht noch notwendig habe, gegen eine Ausbeutung der Arbeitskraft durch Wucher Stellung zu nehmen. Die Anträge der beiden Berichterstatter und des einen Gutachters wurden dann dementsprechend auf Grund des Vorschlages des Herrn Kollegen Sinzheimer abgelehnt.

Begnügte man sich so im wesentlichen für den Schutz der Arbeitskraft im Strafrecht gegen Ausbeutung mit den Bestimmungen des Entwurfs, so hielt man den Entwurf insofern für bedenklich, als der § 340 gegenüber dem geltenden Rechte eine Erweiterung des Wucherbegriffs bringt. Er bestraft nicht nur denjenigen, der eine Notlage, sondern denjenigen, der eine Zwangslage mißbraucht. Man fürchtete vor allen Dingen, daß eine solche erweiterte Ausdehnung des Wucherbegriffs die Möglichkeit zu unerwünschten Eingriffen in den Arbeitskampf gibt. Nachdem das Reichsgericht in seiner zurückhaltenden Auslegung und Anwendung der Bestimmungen über Erpressung dieses Moment der Verbitterung aus dem Arbeitskampf weggenommen hat und nachdem der Entwurf in der Fassung seines § 339 eine Anwendung der Strafbestimmung wegen Erpressung im Arbeitskampf nicht mehr zuläßt, fürchtet man, durch eine derartige Ausdehnung des Wucherparagraphen erneut dieses Moment der Verbitterung in den Arbeitskampf hineinzutragen. Deshalb wurde vorgeschlagen, und dieser Vorschlag fand Annahme, daß im zukünftigen Recht als Tatbestandsmerkmal des Wuchers nicht die Zwangslage, sondern die Notlage, wie im geltenden Recht, wieder Aufnahme finden solle.

Alle übrigen Anträge der Berichterstatter und der Gutachter fanden Ablehnung. Man glaubte damit genügend für den strafrechtlichen Schutz der Arbeitskraft getan zu haben. Das gilt insbesondere, um nur einige ganz wenige Punkte hervorzuheben, von meinem Vorschlag, eine Generalvorschrift in das zukünftige Arbeitsrecht aufzunehmen, die den § 233 des Entwurfs über den technischen Arbeitsschutz dahin erweitert, daß jeder bestraft wird, der vorsätzlich gegen eine Vorschrift eines Arbeitnehmerschutzgesetzes verstößt und dadurch eine Gefahr für Leib und Leben begründet. Das gilt weiterhin von dem Antrage des Herrn Mitberichterstatters, die Ehrennötigung so zu fassen, daß sie auf den Arbeitskampf Anwendung findet. Man sah darin einen verhängnisvollen Rückschritt in das Zeitalter des § 153 der Gewerbeordnung, und so fand auch dieser Vorschlag fast einstimmige Ablehnung. Schließlich wurde noch ein aus der Mitte der Versammlung heraus gestellter Antrag abgelehnt, der darauf abzielte, besondere Gruppen materieller Arbeitsstrafsachen zu bilden, die dann an die Arbeitsgerichte zur Aburteilung verwiesen würden. Man hat mit Recht darauf hingewiesen, daß in den Beratungen zum Arbeitsgerichtsgesetz diese Frage eingehend erörtert worden ist und daß man ähnliche Vorschläge vorläufig abgelehnt hat, weil man dadurch eine Belastung der Arbeitsgerichte herbeizuführen befürchtete, die unerträglich wäre und ihnen das Zutrauen der Rechtsuchenden nähme. Andererseits fand aber das Prinzip, daß der Ausbau des Schutzes der Arbeitskraft vornehmlich Aufgabe des Arbeitsrechts sei, schon in den beiden Gutachten wie auch den beiden Berichten in einer Reihe konkreter Vorschläge seinen Ausdruck, und diese verdichteten sich dann erfreulicherweise zu zwei Anträgen, die mein verehrter Kollege Nipperdey, der unermüdliche

Vorkämpfer gegen die Rechtsprechung des Reichsarbeitsgerichts über die Zulässigkeit des nachträglichen Tarifverzichts, einbrachte. Er wies bei den Problemen, die hier zu regeln sind, auf zwei Möglichkeiten des Ausbaus des Schutzes der Arbeitskraft durch das Arbeitsrecht hin.

Die eine ist der Ausspruch eines gesetzlichen Verdikts gegen die Zulässigkeit des Tarifverzichts. Wie Sie wissen, läßt das Reichsgericht und das Reichsarbeitsgericht den nachträglichen Tarifverzicht zu. Darin erblicken sehr viele Arbeitsrechtler eine Umgehung des Prinzips der Unabdingbarkeit, einen rechtsgeschäftlichen Schleichweg. Dieser Antrag, der angenommen wurde, regt an, daß bei der zukünftigen Gesetzgebung ausdrücklich ausgesprochen wird, daß auch der nachträgliche Verzicht auf den Tariflohn unwirksam sei.

Der andere Antrag hatte zum Gegenstand, ein privilegium odiosum der Arbeitnehmer bei Geltendmachung von Schadenersatzansprüchen zu beseitigen. Es handelte sich um die Frage, daß bei Beschädigungen und Unfällen im Betrieb nur dann ein Schadenersatzanspruch gegen den Arbeitgeber geltend gemacht werden könne, wenn strafgerichtlich festgestellt sei, daß eine vorsätzliche Handlung des Arbeitgebers vorlag. Es wurde die Aufhebung dieser Vorschrift beantragt und angenommen.

Ergab sich also in dieser Abteilung im wesentlichen eine negative Antwort auf die gestellte Frage, so hat sie doch immerhin das erfreuliche Resultat gezeitigt, daß man sich darüber einig geworden ist, daß die Arbeitskraft im Arbeiitsrecht zu schützen ist und daß damit ein Schlagwort, das keinen Inhalt mehr hat, endgültig aus der Debatte beseitigt ist.

Vorsitzender Dr. Engel:

Es ist mir eine angenehme Pflicht, den Herren Berichterstattern für ihre lichtvollen Vorträge den herzlichsten Dank der Versammlung auszusprechen. Die Herren Berichterstatter haben ihre schwierige Aufgabe — denn es ist wahrlich nichts Leichtes, das Ergebnis vielstündiger Beratungen und den Inhalt längerer Reden in ein paar Sätze zusammenzufassen — in ausgezeichneter Weise, im wahren Sinne des Wortes: kurz und gut, gelöst, so daß alles, was auf dem Deutschen Juristentag beraten und beschlossen wurde, nochmals in Klarheit vor unserem geistigen Auge vorübergezogen ist. Wenn Herr Geheimrat Kahl vorher mit Recht die zweiten Plenarsitzungen der Deutschen Juristentage als die Höhepunkte unserer Tagungen bezeichnet hat, so muß man den Herren Berichterstattern das Zeugnis ausstellen, daß sie es verstanden haben, diesen Höhepunkt zu erreichen und festzuhalten. Dafür gebührt ihnen unser wärmster Dank, nicht minder aber auch den Herren Gutachtern und Referenten sowie den Herren Abteilungsvorsitzenden für ihre mühe- und verantwortungsvolle Tätigkeit, endlich allen, die sich an den Debatten beteiligt und dadurch zur Klärung beigetragen haben.

Gestatten Sie mir nur noch ein Wort zu dem Thema: Übertragung des gesamten Justizwesens auf das Reich. Die heutige Versammlung hat sich, anschließend an den Bericht des Herrn Senatspräsidenten Reichert, in einer machtvollen Kundgebung für diese Übertragung ausgesprochen. Diese Kundgebung entsprach nicht nur den auf Förderung der Rechtseinheit gerichteten Tendenzen des Deutschen Juristentags; sie entsprach auch im besonderen dem genius loci Salzburgs. Denn hier in der Stadt und im Lande Salzburg hat vor einigen Jahren jene denkwürdige Volksabstimmung stattgefunden, die in rührender Weise den unbeugsamen Willen zur deutschen Einheit bekundete. Man hört jetzt zuweilen Stimmen von jenseits des Rheins, die den deutschen Einheitsgedanken als etwas künstlich Gemachtes, von Berlin aus Diktiertes und Importiertes hinstellen wollen. Die so reden, sollten hierher kommen und die Inschriften auf den Gedenktafeln und Gedenksteinen lesen, die von jener Volksabstimmung Zeugnis ablegen. Sie würden dann, sofern sie ehrlich sind, anderer Meinung werden. „Saxa loquuntur", wie es auf dem Siegmundstore in Salzburg heißt!

Dieser genius loci Salzburgs legt uns die Verpflichtung auf, den deutschen Einheitsgedanken mit ganz besonderer Wärme zu vertreten und festzuhalten. Wenn wir dies mit Eindruck und Nachdruck tun, dann wird sich die Welt mit dieser Tatsache als dem Abschluß einer natürlichen und organischen nationalen Entwicklung abfinden müssen.

(Geheimrat Prof. Dr. Kahl übernimmt hierauf wieder den Vorsitz).

Geheimrat Prof. Dr. Kahl: Mit herzlichem Danke an den hochverehrten Herrn Präsidenten Dr. Engel übernehme ich für die weiteren Gegenstände der Tagesordnung wiederum den Vorsitz und ersuche zunächst Herrn Rechtsanwalt Dr. Ernst Wolff, den Kassenbericht zu erstatten.

Schatzmeister Rechtsanwalt Dr. Ernst Wolff (Berlin):

Meine Damen und Herren! Die einzelnen Posten der Jahresrechnung des Juristentages sind jedesmal verhältnismäßig gering und immer gleichbleibend. Auf der Einnahmenseite stehen ausschließlich die Beiträge der Mitglieder, und auf der Ausgabenseite handelt es sich bezüglich des Hauptpostens um die Kosten der gedruckten Gutachten und Verhandlungen, außerdem um kleinere, unbedeutendere sachliche Ausgaben für die Erhaltung des Büros, Abhaltung der Sitzungen der Ständigen Deputation usw.

Der Abschluß für 1927 stellt sich, wie folgt:

An Einnahmen sind vorhanden gewesen 15240 RM.; an Ausgaben sind für Kosten der Gutachten, Verhandlungen usw. 11521,70 RM. erwachsen und an sonstigen Ausgaben 2649,92 RM., insgesamt 14,171,62 RM., so daß also, praktisch gesprochen, das Etatsjahr 1927 mit plus oder minus 0 abschließt.

Für 1928 liegen selbstverständlich abschließende Ziffern noch nicht vor. Es wird sich im wesentlichen auch darum handeln, mit welchem finanziellen Ergebnis der diesjährige Juristentag abschließt. Nach einer Unterredung, die ich mit den Mitgliedern des Finanzausschusses gestern zu führen die Freude hatte, habe ich zu meiner Genugtuung erfahren, daß der Abschluß des Juristentages, soweit man bisher übersehen kann, ein sehr befriedigender sein wird, insofern er einen Zuschuß nicht erfordert, ein erfreuliches Ergebnis, das bei früheren Juristentagen häufig nicht erreicht worden ist. Es liegt dies wesentlich an der großen Zahl der Teilnehmer. Der Juristentag ist nach den abschließenden Ziffern von 1135 Teilnehmern besucht worden, eine sehr erhebliche Zahl, wenn man bedenkt, daß der Juristentag nur über 1583 Mitglieder verfügt.

Das erfreuliche Ergebnis ist aber auch der besonders verdienstvollen Arbeit der Mitglieder des Ortsausschusses und insbesondere des Finanzausschusses zu danken. Als Schatzmeister der Deputation des Juristentages ist es mir bei dieser Gelegenheit ein Bedürfnis, den Mitgliedern des Ortsausschusses und insbesondere des Finanzausschusses für diese ihre verdienstvolle Arbeit unsern wärmsten und aufrichtigsten Dank abzustatten.

Vorsitzender Geheimrat Prof. Dr. Kahl: Ich darf voraussetzen, daß eine Aussprache über diesen Kassenbericht nicht gewünscht wird. Da dies der Fall ist, sage ich dem verehrten Herrn Referenten den allerherzlichsten Dank für die große Mühewaltung, die er als Schatzmeister der Ständigen Deputation stets aufgewendet hat.

Wir kommen zum letzten Punkte der Tagesordnung. Es ist der wichtige Gegenstand der Neubestellung der Ständigen Deputation. Die Rechtsquelle, auf die sich dieser Vorgang zu stützen hat, ist der § 9 unserer Satzungen.

Heute morgen hat die Vertrauensmännersitzung stattgefunden. Ehe ich die Vorschläge Ihnen unterbreite, möchte ich erwähnen, daß in dieser Sitzung auch eine Reihe von allgemeinen auf unser Wahlverfahren sich beziehenden Punkten erörtert worden ist. Es ist der Antrag eingebracht worden, die Deputation möge in Erwägung darüber eintreten, ob nicht eine Vermehrung der Zahl der Mitglieder der Deputation erfolgen solle, ferner ob nicht im Interesse der Verjüngung der Deputation eine zeitliche Beschränkung der Wahlfähigkeit einzuführen sei, ob nicht bestimmt werden solle, daß ein Teil der Mitglieder nach 2 Jahren durch neue ersetzt werde, und weiteres. Man hat nach längeren Erwägungen davon abgesehen, jetzt schon unmittelbar über diese Dinge zu verhandeln, sondern sie der Deputation zur weiteren Erwägung überwiesen. Denn es würde eine Änderung unserer Satzungen bedingen, und es bestehen auch juristische Zweifel, ob das brevi manu möglich und in dieser kurzen Zeit durchführbar wäre. Alles, was in dieser Vertrauensmännerversammlung grundsätzlich besprochen wurde, wird daher von mir der Ständigen Deputation zugeleitet werden.

Nachdem ich dies vorausgeschickt habe, darf ich nun zu den Vorschlägen selbst übergehen. In den Händen aller Mitglieder befindet sich die kleine Broschüre, in der auf Seite 7 die Mitglieder der Ständigen Deputation, so wie im Jahre 1926 in Köln gewählt, verzeichnet sind. Ich kann also der Versammlung die Mühe ersparen, die Liste noch einmal zu lesen.

Aus dem Personenbestand des Jahres 1926 sind zwei Mitglieder durch den Tod ausgeschieden. Zunächst Prof. Hanausek am 11. September 1927. Wir haben diese Stelle den österreichischen Freunden zu reservieren, die in der Vertrauensmännerversammlung den Vorschlag gemacht haben, an Stelle des ausgeschiedenen Herrn Prof. Hanausek den Präsidenten der Rechtsanwaltskammer in Innsbruck, Dr. Hämmerle, zu wählen. Ich stelle diesen Vorschlag zur Erörterung. Wird das Wort gewünscht? (Niemand meldet sich.) Wenn kein Widerspruch erfolgt, nehme ich Herrn Dr. Hämmerle als durch Zuruf gewählt an. Darf ich Herrn Dr. Hämmerle bitten, eine Erklärung abzugeben, ob er die Wahl annimmt?

Rechtsanwalt Dr. Hämmerle (Innsbruck): Hochansehnliche Versammlung! Ich danke vielmals für die soeben vollzogene Wahl. Es ist zweifellos eine große Ehrung, die darin liegt, einem Kollegium von so hervorragenden Männern zugezogen zu werden, in dessen Händen die Leitung des Deutschen Juristentages liegt. Es gibt auf eine solche Wahl keine andere Antwort als die: ich nehme sie an.

Vorsitzender Dr. Kahl: Ich komme zum zweiten Fall. Verstorben ist auch Herr Präsident Mittelstein aus Hamburg am 25. September 1927. Wir haben schon innerhalb der Ständigen Deputation und dann auf Grund ihrer Anregungen innerhalb der Vertrauensmännerversammlung eingehend die Ersatzkandidatur besprochen. Es besteht immer eine Schwierigkeit, Ersatzmänner zu finden. Die Schwierigkeit liegt in dem Reichtum der vortrefflichen Männer, die man gerne wählen würde. Man mußte sich schließlich in einer gewissen Richtung beschränken. Aus vielen Gründen schlägt Ihnen die Vertrauensmännerversammlung einstimmig vor, Herrn Landgerichtsdirektor Dr. Wunderlich aus Leipzig zu wählen. Wir gingen davon aus, daß wieder ein praktischer Richter an diese Stelle gesetzt werden soll (Widerspruch erfolgt nicht).

Wenn Herr Landgerichtsdirektor Dr. Wunderlich hier zugegen ist, bitte ich ihn um eine Erklärung.

Landgerichtsdirektor Dr. Wunderlich (Leipzig): Ich nehme die Wahl mit aufrichtigem Danke an.

Vorsitzender Dr. Kahl: Dann habe ich noch eine dritte Frage zu erledigen. An sich ausgeschieden ist niemand mehr. Man ist jedoch in der Ständigen Deputation der Erwägung nahe getreten, ob nicht die außerordentlich großen Aufgaben, die Seine Exzellenz der Präsident des Sächsischen Oberverwaltungsgerichtshofs, Dr. von Nostitz, zu erfüllen hat, es zu unserem großen Bedauern ihm nicht immer ermöglicht haben, an unseren Sitzungen teilzunehmen, und ob er deshalb nicht selbst den Wunsch habe, dieser Verpflichtungen enthoben zu sein.

In dieser Annahme hat die Vertrauensmännerversammlung beschlossen, Ihnen vorzuschlagen, an Stelle der Herrn von Nostitz Herrn Ministerialdirektor Prof. Dr. Schlegelberger aus dem Reichsjustizministerium zu wählen, dessen Mitwirkung an der Gesetzgebungsarbeit gerade für die Ständige Deputation von außerordentlichem Werte sein würde.

Ich eröffne die Aussprache über diesen Vorschlag. (Nach einer Pause!) Das Wort wird nicht gewünscht. Ich darf daher annehmen, daß Herr Ministerialdirektor Dr. Schlegelberger als durch Zuruf gewählt zu betrachten ist. Ich stelle die Frage, ob Herr Ministerialdirektor Dr. Schlegelberger die Wahl annimmt.

Ministerialdirektor Prof. Dr. Schlegelberger (Berlin): Ich nehme die Wahl mit aufrichtigem Danke für die hohe Ehre an.

Vorsitzender Dr. Kahl: Wir haben noch die Frage zu entscheiden, ob von den nicht genannten Herren einer auszuscheiden habe und durch einen anderen zu ersetzen sei. Wenn kein Widerspruch erfolgt, würde ich die bisherigen Mitglieder als von Ihnen wiedergewählt betrachten. Sie müssen aber ausdrücklich wiedergewählt werden. (Allgemeine Zustimmung.) Ich darf also diese Kollektivwahl ebenfalls als durch Zuruf getätigt betrachten. Ich danke im Namen der Mitglieder der bisherigen Ständigen Deputation für diese Wiederwahl. Die neue Deputation muß sich heute noch konstituieren. Die konstituierende Sitzung, in der wichtige Fragen zu besprechen sind, berufe ich unmittelbar nach Schluß der Plenarversammlung ein.

Wenn nicht aus der Mitte der Versammlung noch ein sachlicher Gegenstand zur Erörterung gelangt, kann ich nunmehr dazu übergehen, die Tagung des Juristentages zu schließen. Das muß ich mit einem nur kurzen Abschiedsworte tun; denn ich vermute, daß das Bedürfnis, Reden zu halten und zu hören, im wesentlichen gedeckt ist. Der Hauptinhalt meines Abschiedsgrußes an die Versammlung kann lediglich eine Wiederholung von Dankesworten sein. Der Juristentag hat mit Dankesworten begonnen, und ich muß ihn auch mit Dank schließen, und zwar mit so vielem, daß ich kaum weiß, wo ich anfangen und wo ich aufhören soll.

Ich stelle voraus den wiederholten warmen Dank an die liebe Stadt Salzburg, und innerhalb der Organisationen der Stadt danke ich vor allem der Verwaltung des Festspielhauses und des Mozarteum für die Überlassung der Räume, in denen uns diese Verwaltungsstellen einen so wunderbaren Rahmen für unsere Arbeit geschaffen haben.

Unmittelbar daran knüpft sich der Dank an den Ortsausschuß und die mancherlei Unterausschüsse. Freund Wolff hat mir in dieser Beziehung schon etwas abgenommen und für einige dieser Ausschüsse besonders gedankt. Aber ich darf sie nochmals alle in eine Einheit zusammenfassen, insbesondere einschließen den Vorsitzenden dieses Ausschusses, den hochverehrten Herrn Altbundeskanzler Dr. Ramek, der in einer hingebenden, rührenden Weise nach allen Richtungen für uns gesorgt hat.

Meine Freunde, wir wissen wohl, daß es nicht immer ein reines Vergnügen ist, derartigen Ausschüssen anzugehören, und daß die Mühen und Arbeiten, die im Dienste der Sache verrichtet werden, vielleicht nicht immer und an jeder Stelle reine Befriedigung auslösen. Aber ich möchte Sie gebeten haben, für alle Ihre Mühewaltung sich dadurch entschädigt zu fühlen, daß wir mit wirklich dankbarem Herzen und vollster Anerkennung für alles, was uns geboten worden ist, an diese Tage zurückdenken werden. Auch in Beziehung auf das Vergnügungsprogramm. Ich kann in den neuen Bericht nur den Satz von 1876 wiederum einstellen: das glänzend entworfene Vergnügungsprogramm ist trotz der Ungunst der Witterung glänzend durchgeführt worden.

Unter den verschiedenen Veranstaltungen denke ich vor allem an das, was uns in der Kunst geboten worden ist. Der wunderbare Abend vorgestern mit der Aufführung der „Zauberflöte“ war inmitten der Arbeit wie eine Erlösung und Befreiung der Seele und wird uns allen eine der schönsten Erinnerungen und ein Lichtblick in dem Aufenthalt in Salzburg bleiben.

Wenn auch die Frauen in diesem Verzeichnis hier nicht gedruckt stehen, ich weiß, daß auch die hochverehrten Frauen von Salzburg sich sehr lebhaft an den Vorbereitungen beteiligt und die von uns zum Juristentag mitgebrachten Frauen in diesen Tagen in der liebenswürdigsten Weise geführt und unterhalten haben. Ich bleibe im Geiste unserer Tagung. Sie können nicht von mir verlangen, daß ich es Ihnen noch einmal vorsinge, aber deklamieren kann ich es:

„Mann und Weib und Weib und Mann
Reichen an die Gottheit an."

Ich kann Ihnen eine höhere Rangstellung nicht mehr anbieten.

Fasse ich nun das Ganze zusammen, so darf ich wohl sagen, daß der Juristentag mit einem starken Gefühl der Befriedigung auseinandergeht. Ich denke da nicht an falsche Selbstzufriedenheit, sondern an die objektive Bedeutung und Wucht der Beschlüsse, die auf diesem Juristentag gefaßt worden sind.

Der hochverehrte stellvertretende Vorsitzende hat vorhin das Wort gesprochen, das ich aus innerster Seele wiederhole: das ist und bleibt immer der Höhepunkt, daß vor dem geistigen Auge die Fülle von guter Arbeit, die in wenigen Tagen geleistet wurde, erscheint. Die grundsätzliche Stellung des Juristentages zu den Regierungen, ganz gleichgültig, ob Reichs- oder Bundes- oder Landesregierungen, wie zu den Parlamenten war immer die, daß wir niemals in eine unmittelbare Beziehung zu diesen Behörden und Instanzen getreten sind, also niemals uns mit Anträgen Petitionen u. dgl. an sie wandten. Gerade darin liegt die Kraft und Wucht unserer Beschlüsse. Diese Beschlüsse sollen immer und überall nur durch ihre innere Kraft, durch ihre zeitgemäße Bedeutung wirken. Wir betrachten uns im Verhältnis zu Regierungen und Parlament gewissermaßen als Hilfsorgane zum Zwecke der Vorbereitung der Gesetzgebung. Ich habe keinen Zweifel, daß auch die Beschlüsse dieses Juristentages ihren Zweck erfüllen und einen achtunggebietenden Einfluß bei Regierungen und Parlamenten gewinnen werden.

Es ist das eine der schwierigsten und verantwortungsvollsten Aufgaben der Ständigen Deputation — und darin liegt vor allem die Bedeutung der Wahl der Ständigen Deputation —, zu ermitteln, welche Gesetzgebungsprobleme die für das Volk und für den Staat eben notwendigsten und wichtigsten sind. Hierin dürfen wir nicht fehlgreifen. Die Aufgabe ist schwer, weil sich in einem Jahr nicht schon mit absoluter Sicherheit sagen läßt, ob das gleiche Problem auch im folgenden noch von unmittelbarer praktischer Bedeutung ist.

In diesem Zusammenhange möchte ich einmal an die Freunde des Juristentags direkt die Aufforderung richten: werden Sie selbst in ihrem eigenen Berufsleben durch solche ungeheure Probleme bewegt, so setzen sie sich unbedenklich mit der Ständigen Deputation in Verbindung; wir werden Ihnen nur sehr dankbar dafür sein. Ich darf vielleicht beispielsweise erwähnen daß ich noch während der Verhandlungen hier einen Zettel erhalten habe, wonach die dritte Abteilung mit starker Mehrheit beschlossen hat, die Ständige Deputation zu ersuchen, die Frage der Wiedereinführung der Schwurgerichte auf dem nächsten Juristentag zur Verhandlung zu bringen. Ich bin gebeten worden, das hier der Versammlung mitzuteilen. Meine Worte haben lediglich den Zweck, eine Anregung zu geben und alle Freunde und Mitglieder des Juristentages dazu anzueifern, sich, wenn derartige große Probleme ihre Herzen und ihre Verantwortlichkeit bewegen, unbedenklich mit der Ständigen Deputation in Verbindung zu setzen. Und noch eines. Ihrer inneren Natur nach tragen einzelne Probleme — ich möchte sagen — die Notwendigkeit zu Explosionen, zu scharfen Gegensätzen in sich. Scharfen Gegensätzen wollen wir nie aus dem Wege gehen. Sie können und müssen unter wahrheitsliebenden und mutigen Männern unter allen Umständen ausgetragen werden. Ich habe mich deshalb außerordentlich gefreut über die Worte, die der vorletzte Herr Berichterstatter hier ausgesprochen hat. Er hat mir damit abgenommen, was ich selber näher ausführen wollte. Wir bleiben auf dem Deutschen Juristentag selbstverständlich bei der großen vornehmen Tradition, daß wir, auch wenn die schwersten sachlichen Gegensätze bestehen, alle unsere Gegensätze nur in sachlichem Geiste lösen, indem wir uns bei jeder Arbeit darüber klar sind: wir dienen im letzten Grunde nur einem, dem Volke, dem Staate oder, wenn ich beide in einer Einheit zusammenfasse, unserm teuren Vaterlande. Wenn wir dies immer im Auge behalten, ist es auch leicht und möglich, die schwersten sachlichen Gegensätze zu überwinden.

Endlich muß ich noch ein allerletztes Wort an unsere Freunde in Österreich richten. Ihnen möchte ich einen ganz besonderen Abschiedsgruß sagen. Ich brauche auf die Fülle der Gedanken, die hinsichtlich unserer Einheit hier vorgebracht worden sind, nicht noch einmal einzugehen, sie leben und brennen in unser aller Seele. Aber eine Versicherung möchte ich Ihnen in der Abschiedsstunde geben: wir bleiben Ihnen treu! Wenn wir uns gegenseitig diese Treue halten, können wir immer, auch in schwerer Zeit, getrost und vertrauensvoll der Zukunft entgegengehen.

Ich wäre nunmehr in der Lage, den Juristentag zu schließen. Es hat mich aber noch Herr Präsident Engel genötigt, ihm das Wort zu geben.

Handelsgerichtspräsident Dr. Engel (Wien):

Sehr geehrte Damen und Herren! Ich habe mich zum Worte gemeldet, um einer Dankespflicht zu genügen, einer Dankespflicht, die Sie wohl alle gleichermaßen mit mir empfinden. Denn wir alle hegen das herzliche Verlangen, unserm verehrten Herrn Vorsitzenden innigst zu danken für die meisterhafte Leitung des Deutschen Juristentages, der es in erster Linie zuzuschreiben ist, daß die Salzburger Tagung einen so erhebenden und herrlichen Verlauf genommen hat.

Als wir vor 7 Jahren in Bamberg Herrn Geheimrat Kahl auf den Schild erhoben, da waren wir uns bewußt, daß wir mit ihm einen Juristen ersten Ranges und zugleich einen echten deutschen Mann an die Spitze unserer Vereinigung gestellt haben. Und beides muß ja wohl der Vorsitzende eines deutschen Juristentags sein!

Und Herr Geheimrat Kahl hat unsere Erwartungen glänzend gerechtfertigt. Er hat seither vier Juristentage in unvergleichlicher Weise geleitet und den Deutschen Juristentag, der durch den Krieg eine mehrjährige Unterbrechung erfahren hatte, wieder zum alten Glanz und zum alten Ansehen gebracht. Dafür gebührt ihm jetzt unser innigster, von ganzem Herzen kommender Dank.

Aber nicht nur dafür! Denn wir verehren in Herrn Geheimrat Kahl nicht nur unseren geliebten Führer und Meister, sondern auch den getreuen Eckart der deutschen Rechtseinheit. War er es doch, der durch meisterhafte Führung die Beratungen zur Schaffung eines gemeinsamen Strafgesetzes zu einem vorläufigen glücklichen Abschluß gebracht hat.

Möge es ihm vergönnt sein, diese Beratungen einem endgültigen glücklichen Abschluß zuzuführen und damit ein Werk zu vollenden aere perennius, das zugleich Zeugnis ablegen soll von dem unerschütterlichen Zusammengehörigkeitsgefühle Deutschlands und Österreichs.

Und möge er noch viele deutsche Juristentage leiten! Er komme uns nicht mit seinen 79 Jahren! Ich habe ihn eben den „getreuen Eckart“ genannt. Nun wohl! Der getreue Eckart ist schon viele hundert Jahre alt und heute noch frisch und lebendig. Was bedeuten dagegen 79 Jahre! Eine Bagatelle, eine Kinderei! Also nur zu, verehrter Herr Geheimrat Kahl! Wir können uns einen Deutschen Juristentag ohne Sie und Ihre Leitung überhaupt nicht vorstellen.

Sie aber, geehrte Damen und Herren, lade ich jetzt ein, sich von ihren Sitzen erheben und mit mir einstimmen zu wollen in den herzlichen Ruf: Unser geliebter und verehrter Führer und Meister, Herr Geheimrat Wilhelm Kahl, der getreue Eckart des Deutschen Juristentages und der deutschen Rechtseinheit, er lebe dreimal hoch! (Die Versammlung bringt ein dreimaliges Hoch aus.)

Vorsitzender Dr. Kahl: Meine verehrten Damen und Herren! Als Herr Präsident Engel sich bei mir zum Worte meldete, habe ich ja natürlich geahnt, daß etwas passieren wird. Die Geschäftsordnung gibt mir aber kein Mittel, ihm das Wort abzuschneiden. Daher bleibt mir nur übrig, ihm und Ihnen, meine hochverehrten Freunde, auf das Innigste zu danken.

Was er in so freundlicher Weise von mir Rühmendes gesagt hat, das führe ich in meinem Innern auf dasjenige Maß zurück, das ich mit meinem Gewissen verantworten kann. Ich weiß durchaus, daß ich entfernt nicht das Maß von Verdiensten habe, das er mir zuschreibt und das Sie gütigst gebilligt haben. Ich denke persönlich sehr bescheiden davon. Ihre große Freundlichkeit kann ich nur mit meiner herzlichen Dankbarkeit erwidern und diese Dankbarkeit dadurch abstatten, daß ich verspreche, soweit menschliche Kraft reicht, dem Juristentag in seiner Arbeit die Treue zu bewahren. Dessen können Sie versichert sein. Welches Maß ich noch leisten kann, steht bei Gott; das weiß ich nicht. Ob ich mich nicht beschränken muß, infolge der großen Vertrauensaufgabe, die mir im Reichstag zuteil geworden ist, kann ich auch nicht wissen. Aber darum handelt es sich auch nicht. Nicht um die Arbeitsleistung im Kleinen, im einzelnen da oder dort. Ich verspreche, daß ich mit meiner ganzen Seele der Sache, der ich seit nun 30 Jahren angehöre, solange meine Körperkräfte es erlauben, treu bleiben werde.

Meine verehrten Freunde! Auch wenn wir uns jetzt trennen, verbunden bleiben wir in den drei großen Kräften, welche die Unterpfänder des Glückes unseres gemeinsamen Vaterlandes sind, verbunden in der Einheit, im Recht und in der Freiheit.

Und damit lassen Sie uns Abschied nehmen!

Ich schließe den 35. deutschen Juristentag. (Stürmischer, lang anhaltender Beifall und Händeklatschen.)

(Schluß der Versammlung 14 Uhr 20 Minuten).

Lippert & Co. G. m. b. H., Naumburg a. S.

Walter de Gruyter & Co.
Postscheckkonto
Berlin W 10 und Leipzig
Berlin NW 7 Nr. 59533

Abkürzungsverzeichnis der Rechtssprache

Abkürzungen der Bezeichnungen
von
Rechtsquellen, Behörden, Entscheidungen usw.
des deutschen und österreichischen Rechts

herausgegeben von

Professor Dr. **Georg Maas**
Oberarchivrat a. D., Berlin

Justizrat Dr. **Julius Magnus**
Rechtsanwalt u. Notar in Berlin

gr. 8°. 1929. VII, 131 S. Preis 4.— M.

Das vorliegende Abkürzungsverzeichnis bildet die Fortführung der vom Juristentag 1910 zuletzt aufgelegten Vorschläge, seit deren Erscheinen sich die Lage durchaus verändert hat. Zahlreiche neue Gesetze sind erlassen, neue Zeitschriften und Sammelwerke sind erschienen, Behörden und Gerichte neu entstanden. Die sorgsame Berücksichtigung dieser Neuerungen und Änderungen hat den Umfang des Verzeichnisses vermehrt. Berücksichtigt sind neben dem Reichsrecht das Recht der einzelnen Länder und das Recht Österreichs.

Lippert & Co. G. m. b. H., Naumburg a. S.

MIX
Papier | Fördert gute Waldnutzung
FSC® C083411

Kolibri 360 GmbH
Ferdinand-Jühlke-Straße 7
99095 Erfurt, Deutschland
produktsicherheit@kolibri360.de